互联网时代的礼仪回归

时尚夫人衣橱创始人　**李娓婷** / Coco ◎著

中国财富出版社

图书在版编目（CIP）数据

互联网时代的礼仪回归/李娓婷著．—北京：中国财富出版社，2015．11
（名师智业联盟）
ISBN 978－7－5047－5886－6

Ⅰ．①互…　Ⅱ．①李…　Ⅲ．①礼仪—基本知识—中国　Ⅳ．①K892．26

中国版本图书馆 CIP 数据核字（2015）第 234830 号

策划编辑	范虹轶	**责任编辑**	邢有涛　单元花		
责任印制	方朋远	**责任校对**	梁　凡	**责任发行**	邢有涛

出版发行	中国财富出版社		
社　　址	北京市丰台区南四环西路 188 号 5 区 20 楼　**邮政编码**　100070		
电　　话	010－52227568（发行部）	010－52227588 转 307（总编室）	
	010－68589540（读者服务部）	010－52227588 转 305（质检部）	
网　　址	http：//www. cfpress. com. cn		
经　　销	新华书店		
印　　刷	三河市西华印务有限公司		
书　　号	ISBN 978－7－5047－5886－6/K·0187		
开　　本	710mm×1000mm　1/16	**版　　次**	2015 年 11 月第 1 版
印　　张	13．5	**印　　次**	2015 年 11 月第 1 次印刷
字　　数	194 千字	**定　　价**	42．00 元

推荐序一

首先感谢李娓婷老师（英文名 Coco）在百忙之中抽出时间把她对于互联网时代的礼仪写成这样一本有价值的书。Coco 来写这本书是再合适不过了，如果你见过她就会明白我为什么这么说了。

通常的社交礼仪（social etiquette）包括了很多内容，Coco 在书中用精彩的文字为大家娓娓道来，以真实的案例描述了礼仪在与时俱进的今天应该是怎样的。

中国是历史最悠久的礼仪之邦，不过在今天这个称号我真的羞于再提。在国外，中国人往往是最大声、最不守规矩的人，而这里的规矩在很多时候指的就是礼仪。最近三十年中国的发展是迅猛的，而这个发展正如当年美国西部的大跃进，背后存在着种种不合乎礼仪的事情，“笑贫不笑娼”是很多人不以为耻的，我曾经和一些知名的企业家在做面对面的沟通时发现他们对于“礼义廉耻信”的理解是令人咋舌的，而这些恰恰是社交礼仪的基础。从根本上改变这些问题，可能需要“新生代们”成长起来之后才行。

互联网的发展带来的是公司品牌危机的碎片化和长尾。发生的一点小事在不到一个小时之内就会传遍互联网，引起轩然大波。互联网的特性注定了危机的不可预测性，我们是不可能知道会在何时何地以何种形式发生。美国著名的 Barilla（百味来）品牌就是因为公司的 CEO（首席执行官）一不小心在公开场合发表了不利于同性恋的言论，结果该品牌的产品在全国范围内迅速受到抵制。

互联网的存在还使得数据会长时间以各种形式存在，在今天层出不穷的各种征信体系之上我们可以再叠加一层“礼仪分值”，把个人不符合礼仪的一些行为和言论整合起来，给他们打分，这也是很有趣的一件事。

短短数语，聊以庆贺 Coco 新书出版。

谭磊（Raymond）

2015 年 7 月

推荐序二

碎片般的互联网时代逆袭而出的优雅

——给 Coco《互联网时代的礼仪回归》

遇见 Coco，我正在起劲地推动着女性品牌的增值管理，“女人啊，若将生命比喻为一根木头，你是要用贤惠燃尽一生，还是以时光为斧雕刻成艺术品?”

Coco 正好就是这种个人品牌增值的女性代表，在她的小半生中体现着：优势发现，热情追求生命所爱，拿捏得体，张弛有度和非常了解自己的那种特性。她变得越来越像自己，越来越爱自己，这就是我一直认为的优雅的极致——拥有自我的品牌风格。

礼仪跟个人品牌又是如何结缘的呢？个人品牌并不是一个称谓，一个标签，而是这些背后的关系总和，礼仪则是维系和经营这些关系的重要法则。我们可以粗鲁地败坏这些关系，使关系变得浅薄、错位，个人品牌也就贬值了，还可以通过礼仪将关系经营得持久、稳定，甚至充满恋爱般的温暖。品牌增值管理和礼仪有着鱼和水一般的联系。

在回顾她的个人品牌经营脉络时，我发现她拥有一种罕见的勇气，那就是忠诚于自己内心的真实想法，并为之承担起责任。

她告诉我要写一本互联网时代的礼仪的书，我一点也不惊奇，礼仪的根本点是对生命的爱与关怀，释放出得体的优雅，在看得见或者看不见的地方都一如既往。在她的个人品牌旅程中，多次显示出她爱自己的勇气，生命里有的东西才能给得出。相信在这个碎片、颠覆、失控、海盗逻辑的互联时代，有 Coco 的礼仪，一定会大放异彩，我们需要两种不同的张力构成充满魅力的均衡生命体。同时对自己有爱和明晰自我风格的 Coco 更会通过礼仪，教会我们关于爱自己，爱人类，和谐相处的优雅，礼仪让我们像互联网一样弥漫在不同的文化、不同的国度里，但却变得游刃有余。带着礼仪进行生命旅行的你，一定是增值的“品牌”！

芷维（Aimee）

2015 年 7 月

推荐语录

经营你的“形象资产”

——写给娓婷的《互联网时代的礼仪回归》

形象从来就是一个人重要的资产。但是人们却很少有经营意识。以至于“资产流失”相当严重，不少名人一夜之间“破产”。值得欣喜的是，这个课题终于得到了应有的关注，李娓婷老师以深入浅出的语言告诉我们：互联网时代，如何经营你的品牌形象。

——中商国际管理研究院院长，北京大学汇丰商学院原领导力研究中心执行主任　杨思卓

与Coco（李娓婷）结缘于高尔夫事业，她对高尔夫的热爱与积极投入，让我印象深刻。再次遇见是在CLPGA（中国女子职业高尔夫巡回赛）现场作为时尚夫人衣橱App（应用软件）的上市发布会上，感动了Coco创业起航时能够重返高尔夫圈，将美好的生活理念，如何穿衣、如何搭配等专业技巧分享给更多的精英人士，不仅有品位而且实用。随着互联网时代的来临，面对世间的繁华变迁，仅知如何穿衣远远不够，Coco撰写一本商务礼仪的书，很符合大家更深入的需求，并特别增加了高尔夫礼仪的内容，非常用心。高尔夫的商业礼仪是在当今社会都需必备的知识，推荐大家将本书收为时尚使用手册，成为修心、养身的一剂良方。

——中国女子职业高尔夫球巡回赛执行董事

东方高尔夫国际集团高级营销总监　李红

在5000年的农业文明社会，中华民族构建了全球最为鼎盛的礼仪，可是在300年的工业文明社会，中华民族的礼仪几近被摧毁，最近20年进入互联网时代，又是一次礼仪秩序重构的时代。本书纵论互联网时代的礼仪回归，对混乱的互联网世界将是一次洗礼，让中华民族这一礼仪之邦找回自信，缔造现代文明。

——中关村创新研修学院副院长　张国庆

身在职场之人，职业素养与礼仪修养应并重；身处互联网+的时代，礼仪是一种回归与尊重；礼仪是文化，文化需要传承，传承请看《互联网时代的礼仪回归》。

——北京职工教育协会副会长兼秘书长　许杰

看娓婷老师的书不如听她的课，听娓婷老师的课不如品她的人。知礼懂礼且秀外慧中的知性讲师，首届“我是好讲师”的骄傲。

——《中国培训》杂志社运营部主任　魏炜

互联网时代的到来，不是为了模糊现实生活中的社交礼仪，而是为了更好地监督与传播人类社会的文明！不学礼，无以立，让我们跟随娓婷的脚步，一起寻找互联网时代在社会中的立足之本！

——CCTV（中央电视台）证券资讯《赢在品牌》、

旅游卫视《影响力对话》主持人　陈悦源

礼仪是内心的一面镜子。不同时代下的礼仪特点，折射出民众心智模式的缩影。行礼，即是修心。此书行文之中，透露出作者洞察人心的人文情怀。

——北大纵横管理咨询机构高级顾问、《职场正能量》作者　张心悦

一个优雅而时尚的女人，从品牌专家到互联网+时代的“女魔头”，李娓婷就像她的英文名字Coco一样引领和打造的是中国本土的时尚品牌和时尚氛围。

——航天772所党群部部长　李爽

我在和作者探讨礼仪这个话题的时候，首先浮现在脑海里的画面是：我走进外籍新乘学员培训班，看到她们每一个人都以雅致的妆容、规范的着装端坐在教室里，下课后自觉主动地把垃圾带走，教室收拾的仿佛就没有人来过。我被深深地震撼了！也体会到了我们的礼仪教育在素养培养中的缺位。

作者正是通过这样一系列的切身体验和比较，提醒我们：礼仪，不仅仅是我们审视别人应该怎么做，更多的是我们从自己日常的点滴小事开始，从商务到生活，从形象举止到言谈交流，逐步养成全方位、全日制的行为习惯。互联网时代，打造好您的个人形象，就是树立了我们的国家形象。

——IATA国际航空协会、中国东方航空股份有限公司高级教员

顾红英

一个优雅女人的美丽心计！尽在《互联网时代的礼仪回归》。

——巍阁月子会所院长　任承巍

“蒹葭苍苍，白露为霜，有位伊人，在水一方。”伊人是谁？娓娓婷婷。她就是这样一个让人一眼望去有种伊人的感觉的人，接触起来又给人很职业很现代的感觉，会生活，会打扮，会做事。

——阿里健康CPO（首席产品官） Tracy张

前　言

不一样的时代，一样的礼仪之邦

不知不觉，我们进入一个全新的时代，时间和人一样，也在不断地成长，当它成长到一定阶段时就会是一个新的开始，新的开始意味着要接受很多改变，互联网就是这样一种改变。似乎一夜之间，一切都开始“互联网化”，网络的普及改变了人们的日常生活，网上互动变得较为频繁。那么，通过网络交流是否还需要遵守礼仪呢？答案毋庸置疑，如果不遵守网络社交礼仪，网络社交会成为杂乱无序的场合，根本无法进行正常的交流。

最近总是看见一些新闻事件，有意或者无意地出现在我们生活中的不仅仅有好消息，还有很多负面信息，传播的速度更快、更广，任何消息都在无死角地传播。

中华民族素有“礼仪之邦”的美誉，中华儿女在待人接物、为人处世方面一直都表现得彬彬有礼，礼仪是我国传统文化重要的一部分。

网络社交的出现，拉近了人与人之间的距离，随着时间的不断推移，网络社交逐渐成为人们工作的一部分，通过网络社交，跨区域合作更为便利，扩大了企业之间的合作范围，不再仅仅局限于某个地区。不具有礼仪的网络社交，无法使工作正常进行。

那么，在互联网时代下的社交礼仪，我们需要注意哪些内容呢？网络社交作为网上虚拟的交往方式，不仅需要我们注意平时在生活中与人交谈的礼仪，还应结合网络的特殊性，制定出适合网络社交特点的礼仪。

本书就是想和大家一起探讨下互联网时代的礼仪与礼貌，从职场、生活、个人修养及国家形象等方面阐述如何在互联网时代下注意个人礼仪。

首先，点明了在互联网时代，有礼才能走遍天下，无礼则寸步难行，说明礼仪在互联网时代同样重要。无论是在什么场合，也不管是在哪些方面，人们都喜欢与有礼仪的人交往，注重个人礼仪可以让我们获得良好的人际交往关系，对个人生活与事业都有很大的帮助。

其次，在职场中，通过网络办公的人群，应特别注重网络礼仪。在发邮件、微信、微博时都应遵守一定的礼仪规则，约束自己的语言，让网络社交变得更加文明、有效。

再次，在生活中，个人形象与修为是一个人一生的功课。外表与内心同等重要，只在乎外表或只在乎内心的人都是片面的。在人与人的交往过程中，给人留下的第一印象是外貌、穿着打扮，因此，注意良好的个人形象是对他人最基本的礼仪。同样，具有丰富的内心修为才能决定与一个人交往时间的长度。注意外表礼仪可以吸引他人的关注，注意内心修为则决定了我们是否能够与他人成为一辈子的挚友。

最后，注重个人礼仪不仅代表着个人形象，还代表着国家的形象。尤其是当我们到境外旅游或到国外出差时，我们个人所表现出来的礼仪已经不仅仅代表着我们个人，更关乎着国家的形象，因此，从多方面注重个人礼仪很有必要。

时代不同了，但是我们依然是“礼仪之邦”的后裔，尤其在当今互联网时代下更要讲礼仪。希望本书能让你知道需要注意哪些礼仪以及怎么去保持这种礼仪，能够在信息万变的时代为自己和祖国保留一份美好的形象。

作　者

2015 年 7 月

目　录

第一章
互联网时代有礼走遍天下

有礼走遍天下，无礼寸步难行。礼仪是人类社会交往的一个行为准则。在现代发达的互联网时代，礼仪被视为复古的元素，各种无礼行为层出不穷。无论在任何时代，礼仪都是不能被忽视的一个重要方面。在互联网时代，礼仪更需要找到一个支点。

曾经的礼仪之邦怎么了

1. 崇礼尚义的中国人

讲到礼仪之邦，我们首先想到的就是我们的国家。是的，中国人爱讲理，也爱讲礼。中国上下五千年的文明，礼仪的存在同中国历史文明一样悠长，也是礼仪造就了华夏民族的文明。

在商周时期，周公倡导礼，后经过孔孟的大力提倡，礼成为儒家的核心思想，对我国的传统文化有着较为深远的影响，并且其影响力波及亚洲很多国家，礼仪也被其他国家奉为行为准则，而我国也被其他国家冠上“衣冠上国，礼仪之邦”的美誉。

《周礼》《仪礼》《礼记》成为规范中国人的经典读物，是任何一个时代的文人都不可不读的经典，“温、良、恭、俭、让”成为中国人的行为标准。

荀子说：“人无礼则不生，事无礼则不成，国无礼则不宁。”礼仪的重要性对于个人的言行举止，对于一个国家和一个社会都有极其重要的作用，它是社会发展、个人发展不可缺少的。

2. 曾经的礼仪之邦，现在的无礼之国

注重礼仪的中国人是外国人对古代中国人最中肯的评价。以前的中国人，为“礼仪之邦”这个称呼而自豪，而现代的中国怕是担不起这个美誉了，外国人也不对中国的“礼仪”抱有期待。因为倡导“礼仪之邦”的中国人现在却礼仪缺失。

即使是在现在，讲到中国礼仪，我们仍旧可以追根溯源，把中国礼仪

从礼貌、礼节、德行、各个场合所要做到的言行说出一套又一套。然而，我们所能讲的都是祖先留给我们的成果。对于身处当今时代的我们应该要做的，需要遵守的，必须发扬的，却哑口无言。往往能说出个一二来，却很难让自己做到。

曾经，香港《文汇报》上发表了一篇文章，名为《失礼的吵嚷——反省中国礼仪文化》，文章中讲到中国人在国外旅游时在公众场合却大声喧哗。文章写得很犀利、很刺眼，但却很现实。我是一个旅行爱好者，曾经去过很多国家，也在很多地方遇到过同样来旅游的同胞，我能深深地体会到写这篇文章的人的感受，因为当时的我同文章的笔者一样，深感羞愧，为失礼的国人感到羞愧。虽然现在已经过去多年，但是，我们国人的礼仪问题却有增无减，礼仪缺失的情况在互联网时代下越来越严重。

“中国人，便后请冲水”“请安静”“请不要随地吐痰”等仅以简体中文标出的警示牌，正在中国人出境游的主要目的地国——法国、德国、日本、泰国、新加坡等地频现。当大批游客成为中国的最新出口品时，“中国人”却成了不文明、粗鲁的代名词。

我曾经遇到过一个较为尴尬的事件。那个时候，我在英国伦敦的大街上一边欣赏风景一边喝着酸奶。正当我无比惬意地沉浸在英国街头迷人的风景的时候，却发现周围的人都用怪异的眼光盯着我看。我下意识地看着自己的衣着，并没有什么奇怪之处啊！正当我想着是不是脸上有什么脏东西的时候，一位好心的英国老太太走到我面前，告诉我“走路不应该吃东西”。

这位英国老太太就像我的母亲一样，教导我“不应该”这样做。是的，她用了“不应该”，而不是“不可以”“不能够”，她口中所谓的“不应该”就是同身份、文明、制度不符合。当时的我很尴尬，愣了足足三秒钟。因为，不要说走路喝酸奶，走路舔酸奶的瓶盖在我们国家都是一件非常平常的事情，也没有哪个路人会如此郑重其事地告诉你这是“不应

该”的。

在那一刻，我突然意识到，我不是自己一个人，我代表了我们整个国家。因为，我现在所做的事情是很多人都在做的，我现在所有的诧异是所有人面对我这个情况都会有的。

国家旅游局曾经公布了“中国公民旅游不文明行为表现”，其中公众场合丢垃圾、随地吐痰、揩鼻涕、高声喧哗、随地吐口香糖、说脏话、长时间占据消费场所等，是很多人都在做，让很多人都在反感的事情。

这些不文明的行为实在不应该出现在公众场合。很多人都反映，曾经的礼仪之邦成了现在最无礼的国家。

不只是在走出国门的时候有这样的情况，在国内不文明的现象也时有发生，如果你用心观察，几乎每天都能看到，我再和大家分享一件让我记忆犹新的事情。

那时候，我在搭乘一辆公交车。公交车上的人并不多，很多座位都是空着的。后来，车上上来两位中年男士。一位中年男士看到车子的前面有座位，便邀另一位坐下。可这一位当即就说：“我坐公交车从来不坐前面。坐在前面看到老人还要让座位，真麻烦!”

当时我就在想，这是不是很多人的心理写照呢？在公交车上让座，在很多人看来就好像把自己的东西拱手让给他人一样，让人心里很不舒服。于是，有些人干脆选择坐在后面，这样就避免了让座，甚至有些人对老弱病残人士视而不见。

关于让座，曾有一篇报道说，　个小伙子因为在公交车上没有给一位抱小孩的妇女让座，而遭到该妇女老公的殴打。一时间，引发众多网友关于公交车上该不该让座的热烈讨论。

其实，在我看来，这本没有什么好讨论的，因为尊老爱幼扶弱是我们“应该”去做的事情。然而，在礼仪缺失的时代，这样一个本该如此的事情却掀起热议风波。这足以说明一个问题，我们在丢失一个民族本该拥有的美好品质。

公交车上计较让不让座；排队的时候，只有宽度，没有长度；见到长辈，头一低，一个敷衍般的称呼脱口而出；不如意的时候，随意地撒泼；面对服务人员，态度傲慢，眼神不屑；公众场合大声喧哗；旅游景点，随意丢垃圾，还潇洒地在建筑上写上“×××到此一游”；微信、微博上不顾他人感受肆意地谩骂诅咒……

看到这种情况，请想一想：我们还是那个倡导文明、倡导礼仪的国家吗？我们还是外国人眼中“温良恭俭让”的中国人吗？我们曾经的礼仪之邦怎么就变成了无礼之国了？

3. 礼仪都去哪儿了

曾经的我们，礼仪不被挂在嘴边，却践行在行动中。而现代，礼仪不在我们的口中出现，更不在我们的心头挂念。

改革开放30多年，我国打开国门犹如打开了一扇窗。经济的腾飞向世人见证了一个不朽民族再次崛起的神话。但是如同开窗进来新鲜空气的同时也会进来灰尘和苍蝇，精神文明的脚步正在快节奏的浮华商业社会之下一点点退化。有很多人，经济雄厚、事业有成，可是，却缺少基本的礼仪道德；有很多人，学富五车，却知书不达礼。尤其是在互联网时代之下，生活的节奏更快，我们每天接触到的信息量更大，我们的目光和生活被各种各样的东西占据了，似乎再也腾不出任何空闲放入礼仪，讲礼仪也成了现代社会之下虚无缥缈、不切合实际的存在。我们古代倡导“以德服人”，一个人的德行远比地位财富更能征服他人。

不少人都疑惑，中国的礼仪都去哪儿了？

其实，中国的礼仪没有去哪儿，它没有消失，也没有沦丧，它仍在，仍在我们的身边，但却被我们无情地忽视掉了。我们日常生活中的任何一个微小的不文明习惯都是礼仪的所在，只不过，我们反其道而行，将本该

文明的行为拉上了不文明的道路。

物质文明的快速发展，需要相应的精神文明来配合。在飞速发展的经济环境之下，礼仪是不可缺少的一个重要方面，它不是文明人挂在嘴边的童话，也不是现代人觉得不切合实际的行为，它需要我们践行在一举一动、一言一行中。在我们抛弃了古代礼仪的各种糟粕之后，需要在新的社会之下注入新的内涵，用新的礼仪指导行为，继续“礼仪之邦”的礼仪道路。

本节要点

1. 曾经，中国人举手投足间都展现着谦和、礼貌的气度，温文尔雅、彬彬有礼也成为外国人对我们的评价。然而，曾经的礼仪之邦印证不了现在。今天，中国人在“礼”上明显输给了西方人。

2. 中国人缺乏礼仪并不是作为一名游客的时候才表现出来，要提高的不是游客礼仪，而是全体国民的礼仪意识，从日常生活的点滴做起，注重每一个礼仪细节。

无须语言的时代，还需要礼仪吗

1. 网络社交时代，礼仪已死

很多人说，近代最伟大的发明是互联网，因为它拉近了人与人之间的距离，改变了人们的生活方式和思维方式。

被称为近代人类最伟大的发明，互联网当之无愧。综观充斥在我们身边的各种社交 App（应用软件），极大地丰富了我们的生活。找人聊天，不用亲自拜访，QQ（一款即时通信软件）、微博、微信、MSN（一款即时通信软件）即可让我们同朋友随时随地交流；打发时间，视频、游戏、各种贴吧论坛可以满足；订餐，也不需要再犹豫徘徊，直接上网，轻轻一点就可；购物，不用流连在各大商场，电子商务可以轻松做到一切……

互联网满足了我们同他人之间的沟通与交流，让我们同他人之间的沟通穿越山水，抛开鸿雁传书，跨越时间和空间分享着彼此生活的点滴。然而，就在众人感叹互联网为其生活带来大变化的时候，我却在暗暗担忧。因为，高科技在成全了我们的经济、生活、见识、认知的同时，却让我们丢失了最基本的东西——语言。

有人说，互联网时代就是一个无须语言的时代。它免去了我们面对面的交流，因为各种互联网社交工具让这一切都“免了”。是的，互联网免去了我们面对面的交流，然而，我们没有意识到的事实是，我们是在失去语言。

有研究表明，互联网这样的高科技虽然方便了人们的生活，但是它却在加速人类语言的“灭绝”。有预言说，到2050年，90%的人类语言将从地球上消失。而在我们国家，使用的语言有130种，其中19种语言活力不足，显露濒临灭绝的迹象；73种语言走向濒危，或者已经是濒危语言；8种已经失去了交际能力。

看到这样一组数字，很多人会很纳闷，因为在我们的认识中，人类文明发展到现在，只要人类还存在，语言就会生死相随。可是，事实并不是这样，语言同所有物种一样，都会有灭绝的可能。而且，人类经济、科技越加发达，越会加速语言的灭绝。

语言同经济、科技之间存在这样此消彼长的生死关系，看看我们在做什么呢？

能不交流就尽量不交流，能用表情代替就不费劲多打几个字，我们在用网络社交代替真实社交，在用不用发声的网络语言代替真实语言，让我

们自己沉浸在自我的世界中成为少发声或者不发声的人类。

在这样一个无须语言的时代，礼仪似乎也变得可有可无。于是，有人说在无须语言的网络社交时代，大家追求的是体验，没人在意你是否礼貌，言谈是否优雅，你在聊天时是否在做其他的事情，你点一个赞时是否是不屑的眼神。也没有人规定，你要为无须语言的网络社交平台遵守别人似乎看不到的礼仪规范。

然而，无须语言的网络社交时代，礼仪真的已经死了吗？

2. 无礼！伤人伤己

大文豪狄更斯在其《双城记》中说："这是最好的时代，也是最坏的时代。"这样一句带着矛盾对立统一思想且极富有哲理的话适用于任何一个时代。现在，我想把这句话送给我们的"礼仪之邦"——这是最好的时代，也是最坏的时代。

我们现在所处的时代孕育着一切的可能，很多人为了大大小小的可能披荆斩棘，抛头颅，洒热血。中国人不出门便知天下事，不出门可得天下物，我们畅享着这个时代所赐予我们的各种福利。

可是，我不得不在这个最好的时代之下担忧，因为这又是个孤独而失礼的时代。

现代人生活在社交网络时代，社交 App（应用程序）免去了人们面对面的交往。因为没有具体的接触，礼仪被淹没在网络社交的方便快捷中，社交网络礼仪问题日益突出，毒舌、炫耀、冷漠、刷屏等各种无礼行为肆意蔓延。

以"诙谐幽默"著称的主持人周立波曾在微博上评价徐铮说："扮猪时挺聪明，一做人就开傻。"从而引发网友的热烈评论，众网友觉得周立波没素质，艺德缺失。公众人物在公众的社交平台上不顾形象的对骂，是对他人的伤害，造成双方关系僵硬的同时也是自毁长城的失礼，不免给自己的脸上抹黑。

中国人讲究谦和，说话留有余地，当面揭人短，是一种很缺失德行的行为。然而，在现在的社交网络上，各种毒舌语言充斥其中，毒舌成为一种好的标准，你毒舌说明你犀利、时尚、见解独到、聪明、思维活跃。于是，在毒舌衍生的各种“好处”之下，不少人不顾他人感受，揭短、污蔑、诽谤、对骂、说出惊人之语，在喧闹和畅所欲言中失了自己的一份修养，损了在他人心中的形象。

尤其是一些公众人物更是因为网络社交的一时口舌之快，给自己的生活带来很多麻烦。

明星李小璐在微博上表达对周喜军残忍杀害婴儿事件的愤慨。本是就事论事表达自我感情，却引来一个网友惊人的回复：“下一个就是你女儿。”李小璐夫妇很是恼怒的同时，也利用网络强大的人肉搜索功能，将诅咒的网友从姓名、职业、家庭翻个底朝天，最终该网友丢了工作，生活也受到很大的影响。

对于这件事情，我唏嘘不已。网络虽是一个言论自由的场所，但是，不顾他人感受带有诅咒性质的评论，却是道德缺失的表现。然而，对于网络上的人肉搜索，我也觉得不应该，毕竟尊重他人隐私应是我们行事的原则。

网上曾评出最伤人的网络聊天用语，“呵呵”拔得头筹。在网络聊天中，总是不乏喜欢“呵呵”的人士。感到无语，用“呵呵”；无话可讲，也用“呵呵”；甚至，觉得有趣，有人也会用“呵呵”。不管你有心，或者无意，一句简单的“呵呵”就能把对方涌动的所有激情浇灭，让对方立马由滔滔不绝的状态变为三缄其口，不愿多说一句。这全源于两个字背后数九寒天的冷漠。曾经有一段时期，大家都笑传“聊天止于呵呵”，于是在同他人聊天时，对方一用“呵呵”，聊天热情便会由饱满的100℃降为0℃以下，在心头进行着各种猜测：他是不是不想同我聊天？是不是对我有意

见？一旦有了这种猜测，聊天就很难愉快地进行下去。其实，无论是在现实生活中，还是在虚拟的网络，没有人喜欢热脸贴冷面，冷冰冰地说话一直是言谈中的大忌，因为它没有用同等的热量对待聊天的另一方，是不尊重对方的失礼行为。

我们老祖宗碰面手一拱，行一个优雅的礼，是问候，更是尊敬。然而现代，不管在大街上，还是在公交站台、餐厅、公园、家中，我们所能看到的不是面孔，而是头顶，不是因为个子高，或者所处的地方高，而是因为大多数的人都在低头摆弄自己的手机或者平板电脑。熟人碰面，可能就此擦肩而过不自觉；不小心撞到别人，可能头也不抬，只是一句颇欠真诚的“对不起”。

于是，有人调侃说：“世界上最遥远的距离莫过于我们坐在一起，而你却在玩手机。”这句话一语道破网络社交时代下中国人的生活状态和精神状态。越来越多的中国人成为了“低头族”，越来越多的中国人在演绎着最好时代下的疏离。他们沉浸在自己的世界中无法自拔，这个世界别人进不来，自己更不想出去。

都说互联网的发展拉近了人与人之间的距离。不过，我想说，这个距离是物理距离，大洋此岸的人可以看到大洋彼岸的人，坐在家里左点点右点点就可以把海外的东西抱回家。人与人之间，怕的不是山高水远，而是你在我身边却不在我心里。

曾经看过一篇文章，说现代人的教养问题。其中有一个人说，现代人最应该注重的教养就是放下手机，离开虚拟的社交网络，“走心”地同他人交谈。这说的是一个很普遍的社会现象，也是大多数人都在做的失礼行为。

《弟子规》中说：“父母呼，应勿缓；父母命，行勿懒；父母教，须敬听；父母责，须顺承。”这是为人子女者在家应该做到的礼仪，不听，即为不孝，不孝则是违背天下大伦的大罪过。可是，现在呢？

网上曾经有这样一个报道：一家人欢欢喜喜地去爷爷家吃饭。饭桌上，晚辈们一律低头不是在玩游戏，就是QQ聊天，或者刷微博、看贴吧，无视老人家，对老人的话也是不搭理。最后，老人一怒之下说：“你们就和手机过吧！”说完，摔盘子走人了。

还有类似的，前段时间我在微信上看到一个宣传视频：春节，儿子回家，不是用手机晒妈妈做的一桌好菜，就是用手机晒妈妈为自己买的新衣服，把妈妈对自己的关心和爱在自娱自乐中无视。后来，无疑间翻开妈妈的手机，里面全是自己的照片。儿子感动得热泪盈眶，很是懊悔。

我们身边有不少的朋友，节假日的家庭聚餐是走马观花般的敷衍了事。同家人说不了几句话，便拿出打发无聊时间的“神器”——手机，看东看西，就是不愿看亲朋好友一眼，沟通感情成为空谈。

低头玩手机，无视他人，这很具有普遍性，我们都在做，都是名副其实的“低头族”。可是，“低头族”们失去了多少东西：关心、爱、交流，还有教养。

在家庭聚餐、朋友聚会中，我们总会不合时宜地拿起手中的手机，和手机亲密接触，却忘记了同身边的人进行最好的沟通。父母朋友是千呼万唤方把我们的注意力从手机中拉回来，最后换来的却是我们目在神游的敷衍。我们把精力献给了虚拟世界，却把沉默留给了真实生活。从感情上来说，我们是空虚；从礼仪上来说，我们是无礼。

3. 用走心的礼仪演绎中国梦

今天，我们强调“民族魂，中国梦”。在互联网时代下，中国梦同样要与时俱进。互联网时代下的中国梦，就是重拾中国文化，发扬中华文明。外国人说中国人不讲文明，说中国人失礼，在无须语言的社交网络时代，回归礼仪，做回礼仪之邦的子民便是与时俱进的中国梦。

礼仪是一种规范，无论处在什么时代，它都必不可少。而在讲究开

放、自由、体验的社交网络时代，更需要一个新的随着时代不断发展的礼仪来规范人们的行为，需要人们在交往中的礼仪更走心。

同他人交谈，认真对待，不左顾右盼，心不在焉，就是不一味地低头玩手机，目在神游；说话文明，言谈优雅，也就是在开放的社交网络平台上为自己的言论负责，不毒舌，不无中生有，不高调，不炫富；同他人说话礼貌热情，不“呵呵”、不冰冷；在朋友圈，不一味刷屏，不扰人清净……

这些，都是网络社交时代我们应该做到的礼仪规范，是自己的一份修养，也是对他人的尊重，这样才是社交。

本节要点

1. 网络时代让面对面的交流弱化，但是，这并不意味着礼仪的大厦已倾。

2. 没有礼貌的行为，永远是伤人又伤己。

3. 社交网络的开放与自由，并不意味着交往的放纵，礼仪永远需要被重视。

4. 礼仪不是一成不变的，而是随时代的发展千变万化。无须语言的社交网络时代，需要催生适合这个时代的网络礼仪。

5. 礼仪不是敷衍，不是形式，礼仪要走心。

礼仪无处不在，有礼走遍天下

1. 礼仪无处不在

礼仪时刻指导着每个人的行为举止。通过礼仪可以提升自身的素质，赢得亲朋好友的喜爱，为自己建立良好的交际圈。同时，对社会文明的进步也是一种推动。

生活中，礼仪无处不在。

（1）在与人交谈的时候，要讲究说话的礼仪

在说话时，态度要诚恳，使用文明用语，充分尊重对方，不主观武断、强词夺理。声音不可太大或太小，语调和缓，语气中肯，准确表达自己的意思，不随意插嘴，不打断别人说话。

（2）在与他人一同进餐时，要讲究进餐的礼仪

与长辈或朋友吃饭，要等长辈或朋友坐下后再落座，坐姿端正，不晃动双腿。吃饭时，尽量不发出声音，从容安静，嘴里有食物时不与人说话。吃相雅观，不狼吞虎咽，不把菜汁滴到桌子上面等。

（3）在生活中同他人交往时，要注重交往的礼仪

与人交往贵在真诚尊重，这样才能交到真心朋友。在交往过程中，我们要平等适度，掌握好分寸，既不要太过热情，也不要太过冷淡。对待自己自信自律，对待别人信用宽容，凡事从自身找问题，替他人着想。

（4）在外旅行时，要注意旅行的礼仪

出门在外，“有礼才能走遍天下”。不管去哪里旅行，我们都要时刻注意旅行的礼仪。

入乡随俗，尊重当地的文化与风俗习惯，不大声喧哗、破坏文物。旅

行是为了寻求开心，因此，应保持一颗宁静的心去欣赏途中的不同风景，遇事冷静，用合理方式去解决，避免与人发生冲突。

礼仪体现在我们生活的方方面面，时刻用礼仪来约束我们的言行，才是一个有礼仪的人，才能适应现代文明社会的发展。

2. 中国游客的失礼行为

随着我国人民生活水平的不断提高，旅游一度成为了人们最热爱的放松方式。随着经济一体化的逐渐发展，人们开始不满足于国内旅游，纷纷选择出境旅游。目前，中国游客占全世界游客很大的比重，为世界旅游的经济增长出了大力。

然而，据越来越多的国内外媒体披露和报道，中国游客在旅游期间做出各种不文明的行为，让国人蒙羞。近几年，中国游客的失礼行为不仅没有得到有效控制，反而呈现愈演愈烈的趋势。

2013 年，中国游客骑在美国纽约华尔街的金色铜牛上大肆拍照留念，引起了国外游客的不满。这只金色的铜牛在全世界都很出名，来这里旅游的国外游客都会到牛前合影，希望带来点好运气，而中国游客的这一行为却很失礼，显得中国游客没修养、没素质，并且是对纽约甚至美国本土文化的不尊重。

另外，一些中国游客每到一个地方，喜欢写上“×××到此一游”的字样。这是一种非常不文明的行为，破坏了珍贵的文物，同时，也显得国民游客素质低下，给中国游客丢尽了脸面。甚至现在的小朋友出门也纷纷效仿大人，可见成年人对礼仪教育的不重视正在影响着下一代。

旅游失礼事件的发生，绝不是偶然，恰恰反映了中国人人性教育的缺失。现代教育重视的是政治教育，轻视公民教育，对人性的教育更是少之又少，这便造成了中国游客的环保意识薄弱、生态道德素质低下，加上一些游客自身文化素养低下，导致了他们不会考虑自己的行为对环境所造成的影响，因而，轻易就在不知不觉间产生了不文明行为。

如果说上述事件是由于中国传统教育的缺失，那么，“大闹飞机事件”与“在机场晒内衣”事件则体现了中国游客不文明的行为习惯，让我们好好反省自己在日常生活中的行为习惯，时刻对自己的言行进行约束，这样才能杜绝此类不文明事件的发生。

“大闹飞机事件”发生在2014年12月11日晚11时59分，在从泰国曼谷飞往南京的亚航FD9101的航班上，两名中国游客因为提供热水问题和找零问题与空姐发生了冲突，出现了大闹飞机事件。事件中，男游客随即将垃圾倒在过道上乱踩并大声辱骂空姐，女游客则将一整杯热水泼在了空姐身上，并且一直拒绝道歉，导致飞机被迫返航。

不仅如此，在此次事件中，此名男子站在座位上多次称要炸掉飞机，女子则拍打窗户声称要跳飞机，连同他们的同伴也有语言上的不当行为。于是，肇事者被当地警方带走，在支付罚款和赔偿后获释回国。在他们飞抵南京后拒绝下飞机，经人劝说才离开飞机，却又占据登机廊桥，一度要求亚航工作人员出具书面证明，证明网上传言与事实不符。

此次事件性质相当恶劣，致使中国驻泰国使馆领事保护官员在12日接受采访，希望以后来泰国旅游的中国公民，务必遵守当地法律法规和传统习俗，遇事保持冷静，用合理的方式解决问题，不冲动行事。

网友对此事件也表示了愤慨，称这样做不仅拉低了自己的素质，同时也会让别国谴责中国人的素质。在国外旅游，代表的不仅仅是个人，也是一个国家的形象，应该时刻注意自己的言行举止才对。

“在机场晒内衣”事件发生在2015年2月2日，一位中国大妈在泰国的清迈机场候机过程中，将内衣随意晾在候机大厅的座椅靠背上，颜色鲜艳，引来了路人的侧目，甚至被登上了泰国社会新闻的头条，由此引发了观众的热议。

这一事件就发生在不久前，之前的此类事件并没有让中国游客规范自己旅游时的行为，反而愈演愈烈，一次次使中国游客陷入全世界的舆论之中。

中国游客在国外旅游出现的这一系列不文明行为，持续了多年，一直未能得到改善。究其原因，除了对礼仪方面缺乏一定的教育，以及个人习惯问题之外，还有影响中国人较久远的儒家文化。儒家文化虽说有许多道德规范，但大多是与亲人、朋友之间的约束，而对陌生人却没有相对应的道德规范。另外，在一段时间内，一些中国的名士骚人，一度将不拘小节作为自己另类、潇洒、风流的代名词，一定程度上影响了国人的行为习惯。

中国正处于转型期，许多新事物应运而生，而新规则、新规范却没有及时建立，势必影响国民的整体表现。而且，很多新事物、资源都很有限，人们只有通过“抢”，如乘飞机、过马路、购买紧俏商品等才能满足自己的需求。

如果出现一两位不文明的中国游客，可以说明是个别游客素质低下，但是，当这些不文明行为不断出现，越来越多的中国游客被指出都有不文明行为时，就是当前社会出现了问题。

中国人吃饭喜欢大声说话、喝酒、划拳，这样才显得彼此关系好，吃饭氛围很融洽。可是到了国外，这一现象就被外国人指责说中国人没有素质。这种情况的出现，是由中国人经过历史延续形成的普遍性格所决定的，加上一些游客没有受到过中国近代的高等教育，不懂得入乡随俗，才导致了这样的情况发生。

因此，对于中国游客的一些不文明行为，除了要谴责那些不文明行为，更要认识到出现这些不文明行为的原因，从根本上解决，才能有效终止中国游客不文明行为的发生。

3. 有礼走遍天下

针对中国游客的不文明行为时有发生，国外许多国家由此对中国游客给出一些“特殊”待遇。特意用中文标示出“请勿触摸”“请勿踩踏”等字样。在一些餐厅，特意为中国游客安排了专门区域。这些看似是让中国游客享受 VIP（贵宾）待遇，实际上却是对中国游客最大的侮辱。

对于这种现象的出现，中国游客们更应该规范自己的言行举止，从自我做起，去逐渐影响身边人的行为。如果任由这种情况发展下去，那么，迟早有一天，国外的景区会停止对中国游客开放，这对中国游客来说是一大损失，对国家也有非常不好的影响。

目前，著名的马尔代夫旅游景区，只有几个旅行社愿意与中国旅行社合作，接待中国游客。送上门来的生意被拒之门外，中国游客应对此进行自我检讨。因为，有礼才能走遍天下，无礼只会故步自封。

我们都喜欢与彬彬有礼的人相处，同样的道理，别人也是这样认为。如果自己是一个彬彬有礼的人，就会受到别人的欢迎，也能影响身边人的言行，这是礼仪的延续，遵守礼仪是一种难能可贵的品质，每个人都有义务将此延伸下去。

讲究礼仪，对于人际交往、家庭和睦、事业发展都有积极的影响作用。一个国家的公民表现出来的礼仪文明也代表着该国礼仪文明程度的高低，这对于国家与国家之间的关系有较大的影响，也是国家软实力的一种体现。因为，没有一个国家会愿意与一个野蛮国家建立友好关系。

生活水平不断提高，礼仪文明也应同时提升，这样才能推动社会不断向好的方面发展。社会环境影响着人们的行为习惯，人们的行为习惯也在影响着社会的发展演变。作为个人，要自我规范，从小事做起，做一个讲文明有礼仪的人，推动社会的不断发展进步，同时，规范人们行为的制度也会逐渐完善，可以遏制这些不文明行为的发生。另外，注重素质教育，从根本上解决这些不文明行为。

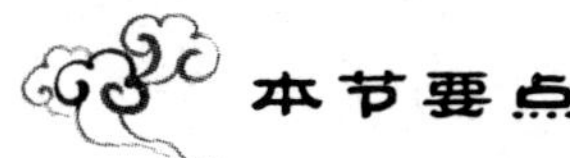

本节要点

1. 礼仪体现在生活的方方面面，用礼仪指导言行举止，才是一个有礼仪的人。

2. 中国游客屡次在境外旅游出现不文明行为，应予以重视。

3. 出现这些不文明行为是由多种原因造成的，应从不同方面看待和解决这些问题。

4. 有礼走遍天下，无礼寸步难行，应当从自我做起，做一个有礼仪文明的人。

第二章
互联网时代的职场礼仪

互联网除了对我们的生活产生了影响，更多地改变了我们的工作环境和工作方式。现代职场，礼仪很重要。互联网时代现代办公形式的转变，需要职场人士在掌握基本办公礼仪的基础上，掌握互联网时代办公礼仪的转变。

一封好邮件，助你事半功倍

1. 电子邮件是现代职场的通行证

在互联网走入人们的生活以后，电子邮件成为了一种较早普及开来的互联网通信工具。不管在朋友交往还是职场交流中，电子邮件都在越来越多的场合中取代信件、短信、电话等传统的通信工具而受到人们的追捧。

尤其在职场中，电子邮件成为公司内部、部门内部越来越常用、越来越重要的信息交流方式，给各项工作带来了许多便利。而随着互联网工具的发展，现在也有许多公司会使用内部的 QQ 群、微信群来进行相关的信息交流。但是，这种交流方式通常只限于一些和工作关联不是很紧密的日常性沟通，一些重要事项的通知、工作的安排与汇报等，还是会使用电子邮件这种更正规的方式。

在现代的职场中，如果不会正确地使用电子邮件，可能就会让其他人花费更多时间去总结、理解你所要传达的信息。所以，无论是普通的员工，还是团队或部门的领导者，都必须学会使用电子邮件相关方法及礼仪规范，这样不仅能使团队内部的沟通更具效率，也能展现出整个公司的专业形象。

2. 发出去的邮件，泼出去的水，需要认真对待

之所以要遵守电子邮件的使用规范和礼仪，主要是出于效率性、专业性和严肃性三方面的考虑。

一封结构规范、条理清晰的电子邮件，可以让收件人很快地了解主要的内容要点，避免浪费他人的时间，也能更好地获得他人的回复和正确应

对；使用合适的电子邮件语言，是在展示自己和整个公司的专业形象，尤其对于初次见面、了解不深的人群；商务电子邮件不同于私人电子邮件，需要格外的严肃对待，特别是对于一些发给客户或合作伙伴的邮件，更是不能等闲视之，否则可能会给公司带来一些实际损失。

在写邮件时，最佳的顺序应当是：附件、正文、标题、收件人。

（1）附件

附件就如同名字一样，很容易被遗忘和忽视，但是却又往往包含着重要的信息和资料。如果忘记了附件事后才去补发，不仅会带来一些麻烦，也会使他人认为你做事很不认真。所以，在准备写邮件时，最好第一步就将附件添加上。还有一点，有些附件容量较大，上传可能会需要一些时间，首先选择上传附件后我们可以一边写正文一边等待上传完成，节约一些时间。

（2）正文

正文是邮件的主要内容，也是最需要时间去思索和撰写的，所以将之放在第二位，这样我们会有更多的时间去编写内容、检查内容，在完成后如果觉着有哪里不恰当也有一定的更改余地。

（3）标题

标题很容易被忽视，尤其现在一些电子邮件收发工具会根据你上传的附件自动命名标题，人们很容易就不加修改地使用，但是这些自动生成的标题往往不是很恰当。

（4）收件人

对于收件人，可以放到最后再去选择或填写，因为没有收件人邮件根本发不出去，所以一般不会被遗忘。

按照以上的顺序编写电子邮件是一个好习惯，不仅更有效率，也能避免遗漏一些必要事项，省得邮件发出去后才“追悔莫及”。

现在有一些电子邮箱具备延迟发送的功能，例如设置“延迟一分钟发

送”，那么在你发送电子邮件后，该邮件也会在草稿箱中待上一分钟才会真正发给收件人，如果你突然想起邮件还有问题，那么还有反悔的机会。

当然，我们不应该过度依赖这一功能，还是要在写邮件的过程中就认真对待，多加检查，这才是防止邮件出现纰漏的根本解决之道。

3. 写封好邮件，既有效率又有礼仪

写出一封好的邮件，不是要求语言多么优美，文字多么出彩，而是要遵守最基本的邮件规则和礼仪规范。不是每个人都有极强的表达能力和写作天赋，但是写作礼仪却是每个人都应学习掌握的。

（1）标题明确醒目

邮件的标题一定要写，不能为空。而且标题必须具体、不含糊，有实际的意义且能概括正文内容或与正文内容息息相关，例如“2013 年 2 月 1 日工作报告”。不要用一些“万金油”式的标题，如“工作报告”“通知”“请示”等，这样的标题就过于粗略。标题也不能详细过了头，最好是用一句话表示，不要将正文的具体内容搬到标题中来，除非正文只有简短的一句话。

邮件标题中严禁出现收件人的名字，但是根据内容需要可以加上自己或公司的名称。标题中严禁使用“紧急”等字眼，如有时间限制可标明截止日期。

（2）内容规整清晰

内容一定要严格按照邮件的格式去写，架构出清晰的整体。

开头应当是对收件人的称谓，对下属可以直呼姓名，对上司则应当用“姓 + 职位”的形式加以称呼。对于客户或其他公司的人员，在知道对方职位的前提下优先用职位称呼，不知道的情况下可以用先生、小姐、女士等加以称呼。当收件人为多个人时，称呼则可以使用“各位”“各位领导”“各位同事”等。称谓后面应当加冒号，若是英文邮件，则应当使用逗号。

正文内容要从称谓下另起一行，不能和称谓位于同一行。如果正文内容较多，最好能够多分段，每一段只明确说明一个内容。任何人看到一整段内容满满的邮件时，都会感到阅读困难并且没有兴趣详细阅读。

在写作正文时，最好能采用倒金字塔的叙述方式，即在邮件的开头，或是每一段正文的开头都先用几句或一小段话，言简意赅地概括全文或整段的内容，然后再进行详细阐述。而总结性的概括性话语，则最好包含4W1H要素——谁（Who）、什么（What）、何时（When）、为什么（Why）、怎么样（How）。这种写作方式的好处是能够让对方快速准确地掌握邮件要传递的主要信息和思想，而且整体结构清晰，不需要过多地去发掘和思索内容。

在正文内容的用语上，最好能做到换位思考，用对方习惯接受、便于理解的语言。比如，对一些入职不久的新人，应当用鼓励的语气，助其提高自信，而不要重复地去强调；对一些能力强、自主意识强的员工，内容简明扼要、直切主题，一些简单的基本事项不需着重强调；对一些谨言慎行的员工，则应当用平和、诚恳、尊重的语气；对一些年龄有差距、价值观有差异的员工，则要尽可能寻找共同语言，不要使用对方难以理解的话语。

此外，发往其他部门、其他行业公司的邮件，应当尽量避免使用本部门、本行业的专业词汇，“术业有专攻”，你不能要求人人都明白这些专业术语。如果必须使用专业词汇，则可以添加他人能够理解的简要注释。

在注意正文用语文明的同时，还要注意两大禁忌。

一是有礼貌但不应过分客气。对下属，我们不能趾高气扬，但也显然不能用商量的语气“求”下属办事；对上司，要言简意赅，有问有答，不要说些客套的废话，这样给人感觉很不正规；对客户和合作伙伴也是一样，在对其表示尊重的同时，也要认识到，自己代表的是公司，和对方是平等的，不能低对方一等。

二是在明确责任归属前，不要轻易在邮件中致歉。邮件是一种正式的书面声明，是“白纸黑字”的“字据”，有些人在接到客户的抱怨后，惊慌失措，想都不想就写邮件道歉，而一旦道歉，就意味着你或你的公司要为此负责。所以，无论遇到什么样的状况，我们应当想办法先查明原因，如果确与自己有关，再真诚地致歉并提出解决方案，而不是不明就里地用邮件公开致歉。

正文写完后，在结尾处应当有落款，写明自己的姓名、职务、部门等信息，对外联系时，还应加上公司名称。不要使用一些图案图形作为结尾，这样会显得很不严肃。

邮件内容中可以使用加粗、下画线等标出重点内容，但在整体上，应当使用适当大小、统一字体，通常五号宋体的黑色文字最为普遍，不要用艺术字和一些五颜六色的文字。

最后，在编写邮件时，要坚决避免错别字和错别标点。如果一封邮件中错误的文字和标点过多，会让人认为你很不认真。特别是涉及他人的姓名，千万不能写错字，否则对他人极其不礼貌。在使用标点符号时，要遵循正确使用方法时还要特别注意慎用感叹号。原则上，在邮件中，除了“您好”“谢谢”以外不使用感叹号，一些在日常网络聊天中经常出现的多重感叹号更是不要使用。

（3）收件人与抄送

邮件的收件人，通常是需要对邮件做出回应和行动的责任人，而不是每一个需要看到该邮件的人员。例如，一些针对部门下发的通知，收件人应当是部门经理或主管，但是分管副总和总经理也必须了解该邮件内容，那么就应该将该邮件抄送给他们。

除了公司董事长或总经理发送的“致全体员工”的邮件外，其他人禁止使用群发邮件。一些通知类邮件只发送给部门主管或文员即可，再由他们进行传达。

日常交往的邮件，不小心说错话还有机会弥补，但是和工作息息相关的职场邮件，一次礼仪上的疏忽可能就会给同事、领导、客户留下恶劣的印象。学会邮件礼仪规范，写出既有理又有礼的邮件，能够为你的工作锦上添花。

本节要点

1. 电子邮件是互联网时代重要的沟通工具，职场人士必须懂得使用。

2. 良好的写作习惯可以帮助你有效避免许多疏漏。

3. 严格遵守邮件写作规范，不仅能使邮件条理清晰，也使其礼数周到。

手机基本礼仪“10106”法则

随着时代的发展，手机作为一个方便、快捷的通信工具，给人们的日常生活带来极大的便利。尤其是现在的智能手机，它早已集电话、电脑、电视、MP3（音乐文件播放器）、相机、信件、视频等功能为一体。无论我们在哪里，在什么时间，只要我们想知道在什么地方发生了什么，只需轻轻触动屏幕，就可以查到所有我们想知道的事情。可谓一机在手，虽不出门，也能尽知天下事。

现在几乎所有人都会拥有一部手机，人们早已习惯早上起床后的第一件事就是打开手机看看有没有新的信息或动态；晚上睡觉前打开网页看一遍今天的重要新闻。手机早已成为人们每日出行时首先考虑的随身必备物品。

1. 手机给人们的生活带来的影响

现在人们的生活离不开手机，但人们对手机的过度使用，使人和人之间的交流变得更加薄弱。那些使用手机上瘾的人，无论是在上下班的地铁上，或是路上，他们都在一直低着头玩手机；同事吃饭聊天时，忙着看手机；甚至是朋友聚会，忙里偷闲地打个招呼，然后继续低头看手机。就像网络上流传的一句话——“世界上最遥远的距离不是生与死的距离，而是我坐在你的对面，你却在低头玩手机。”

这个给我们的生活带来便利和海量信息的手机，让我们在享受现代化生活便捷的同时，也让我们丧失了在现实生活中和人正常交流的能力。人们见面不知道该如何去打招呼和聊天，甚至连基本的礼貌、礼仪都无从想起。

古往今来，人类的交流都是一项复杂、丰富、需要技巧的过程，我们的情感往往隐藏在聊天过程中那些不经意的手势和眼神中。但手机简化了人与人之间的交流，人与人的关系变得直接而浅薄，人际关系变成了手机里储存的号码，有时只要点击一下删除，就再也不会与之有任何联系。最直接、最真诚的交流逐渐被各种“分享”“圈人”所取代。

如今，很多人使用手机不分场合、时间和地点，完全是以自我的兴趣为主。例如，在公司里讨论案子时，大家都在热火朝天地讨论，但总有一两个人玩手机或者发微信。当这一两个人被叫起来说一说自己的想法时，就看到他们拿着手机发愣。这种行为总能把别人的高涨情绪浇灭，使别人不会再有想和他说话的欲望。又或者有些人总喜欢在别人表达自己观点、想要询问对方意见时，以“呵呵”回复，这时无论刚开始我们有多大的热情，最后也只化为一声长叹。

在今天智能化的生活中，我们确实离不开手机，但是正确使用它的礼仪是需要我们掌握的。

2. 手机基本礼仪——10106 法则

使用手机的礼仪，具体可以将它归纳为“10106 法则”。它是针对如今人们对手机的过度依赖，而提出的一些注意事项，是当今时代每个人都应该了解和掌握的。

无论是职场还是生活中，使用手机的基本礼仪归纳起来有 26 项法则，称作“10106 法则”。所谓的“10106 法则”包括 10 个手机基本技巧、10 条手机基本礼仪和 6 条手机基本约束。

（1）使用手机的 10 个基本技巧

①定期整理

我们的手机经常会收到很多邮件或短信。定期整理我们的手机和邮箱，将手机中重要的信息加以分类，并注明哪些是重要内容。这样可以防止自己因为意外而将重要信息丢失，简化我们的工作，同时也为我们节省时间。

②定期删除

我们手机里肯定都会有很多无用的短信，定期删除这些信息，以防止出现因为手机里有过多不必要的信息，而忽视重要信息的情况。

③预约确认

公司在某些关键时刻，需要使用手机提前和大家确认一个时间，再将其记录并保存下来，方便及时地通知大家。

④彩铃分组

我们可以将手机中的朋友和家人采用不同的铃声，方便我们在不同的场合决定自己是否接听电话。将领导设定为一组，家人设定为一组，同事和朋友也可各设定为一组。不同组的铃声可以使我们清楚地判断事情的缓急程度。

⑤随时记录

当我们的手边没有纸或是笔时，可以拿起自己的手机，打开备忘录功能将需要记录的内容输入进去，这样可以避免遗忘重要的工作内容。

⑥拍照记录

当老板或者同事讲的内容过快而自己无法记录时，可以使用手机将其拍下来，在会议结束以后，再仔细整理一遍。

另外，在一些特定场合也可以通过手机拍照重新回到自己想去的位置，比如，停车场、不熟悉的场所等。

⑦保持联系

手机里存放了朋友、家人、上司的电话号码。在节假日里，我们可以选择给自己的朋友、同事或是上司发一些祝福短信，以此增进与朋友、同事之间的感情。

⑧高效处理

手机使我们在收到邮件或短信时，可以第一时间进行回复和反馈，防止耽误对一些重大事件的处理。至少可以第一时间让对方知晓你已经收到相关信息，这一点对于职场人士尤为重要，可以体现你的专业度。

⑨时间统筹

我们的手机里都可以设置一个时间安排表，它会方便我们记录一些随时注意的大事件，而且可以把一个完整事件按时间段规划设置不同的闹铃时间以提醒自己进入下一个环节。

⑩系统管理

现在很多智能手机和其他电子设备可以同步上传信息，这样就便于我们在不同的界面和设备上管理同一件事情，帮助我们合理地安排和管理自己的日常工作。

（2）10 条使用手机的基本礼仪

①内容简洁

用手机发短信已成为如今年轻人非常喜爱的交流方式，人们使用手机最常做的事情就是给好友、家人和上司发短信或者打电话。我们在给别人发短信时，如果内容冗长、啰唆，对方是不会有耐心读取的，那么我们发短信的目的也就无法达到。尤其在工作中，我们要高效利用自己的时间，而不浪费他人的时间。这个时候，我们发的短信内容要足够简洁、明晰。切忌没完没了地寒暄，重要事件一来一往两条信息表述清晰足矣。

②小声说话

公众场合，我们接打他人的电话，要小声细语。这样做，一方面，以免给别人留下一种无礼、粗鲁的印象；另一方面，也可以避免打扰别人，给他人带来干扰。

③合理署名

给领导或者同事发短信时，不要乱起一些奇怪的署名，这样容易让别人感觉你不稳重，对待工作不认真。并且大家也会对你发的短信内容不够重视，如果有紧急事情通知时，就可能会被耽误。任何时候实名制都是最好的自我尊重和对别人的尊重。

④专注当下

当收到同事或者领导的短信时，一定要第一时间及时回复，避免因为自己的拖延而耽误大家的进程，给公司带来损失。

⑤及时接听

当我们储存的通讯录名单里的人给自己打电话时，如果不是特别不方便时，一定要及时接听。第一，是为了防止领导或者同事有要紧事情询问；第二，当别人求助时，能够及时地帮助解决，这有利于维护同事之间的良好关系。如果不小心错过了一些电话，也要及时回复。

⑥不看不发

当我们在开会或者进行重要的案件讨论时，要将自己的手机关机或是调成静音。目的是让自己认真听取别人的报告或讨论时，积极参与，杜绝自己因为玩手机而耽误工作。

⑦文明彩铃

年轻人都喜欢给自己的手机来电设置彩铃，目的是让别人给自己来电时，能听到自己手机里的优美铃声。不过，我们在设置彩铃时，千万不要设置带有侮辱性、色情性的彩铃，以免给他人留下不文明的印象。

⑧静音检查

在重要场合或开会时间里，我们都要检查一下自己的手机是否已经设置成静音模式，以免手机突然响起而打断会议进程。

⑨拒绝偷拍

任何时候，我们都不要用手机去偷拍别人。这会造成别人的困扰，并且用手机偷拍是一种侵犯他人隐私的极不礼貌的行为。

⑩心有大家

在平时休息时，我们也应该和同事经常联系，在节假日里给同事发送一些祝福短信。这会增加同事之间的感情交流，有助于相互之间的团结、有爱。

（3）6 项自我约束

使用手机时除了要做到 10 个基本技巧和 10 条手机礼仪外，还要做到 6 项自我约束。

①开车时不拍照、不发短信、只用耳机接打电话

开车时，我们必须要小心、谨慎。现在很多年轻人喜欢在开车途中拍张自拍发到网上，这种行为很容易导致交通事故发生。据最新调查，在开车时发短信或是拍照发生的交通事故数量远远高于酒驾时发生的交通事故数量。因此，我们使用手机给自己定下的第一个约束就是：不在开车时

拍照、发短信。如果真有紧急事情，我们最好使用耳机接打电话。

②手机远离床头，睡前不在关灯情况下玩手机

很多人都知道晚上手机不要放在床头的道理，可偏偏还是有许多人已经养成玩着手机就睡着的习惯。殊不知，晚上睡觉不关机，还放在床头，对身体的危害相当大。

所以，我们要在不用手机的时候把手机关机，尤其是晚上睡觉的时候。如果不能关机的话，也要尽量把手机放到离床头较远的地方，避免辐射对人体的影响。

同时，我们也不要在关灯后玩手机，因为这种行为会严重损害我们的视力，对眼睛造成很大的伤害。

③非紧急必要的情况下，避免持续使用手机超过 15 分钟

手机危害很大，长时间盯着手机屏幕，易造成眼疲劳、眼睛干涩、视物模糊、眼睛疼痛、视力下降等；使用手机时间过长还会造成颈部、手臂肌肉疲劳，出现四肢乏力、颈部酸痛等；而过度使用手机，让身体长时间处于手机的辐射之下，还会影响人体各种脏器和身体功能，甚至会危害生殖功能。

所以，日常生活中在使用手机时，应尽量避免使用时间过长。在非紧急的情况下，使用手机的时间最好控制在 15 分钟以内。

④公共场合、工作场合不玩手机，不频繁刷屏

现在很多人喜欢低着头刷屏、看微信，基本不与身边人聊天交流。还有一些“手机控”，在上班期间也离不开手机，甚至连老板布置的任务也要等到看完微信后才开始。

手机就像一把双刃剑，它给我们带来便利的同时也让我们变得不再主动和人交流，这使朋友之间渐行渐远，老板对自己的态度也不满。因此，我们要控制住自己，不在公共场合和工作场合玩手机，更不要频繁刷屏。

⑤传播正能量，负能量止于智者

如今手机的功能十分强大，我们可以利用它传播各种各样的信息。然而，有些人却利用网络的便利性，在网上传递一些消极的、负能量的信息。我们应该摆脱这些不利于自己健康心态的负面信息，用手机传播正能量。

⑥远离虚拟世界，回归生活本我

手机带来的一切毕竟都是虚拟的，我们不应该过分沉迷于手机带来的乐趣中，而应该在现实世界中努力地工作，回归真实的自己。

我们使用手机既是为了方便自己的生活，也是为了给自己的生活增加乐趣。在使用手机过程中，基本礼仪“10106 法则”能帮助我们戒掉使用手机的不良习惯，有助于提高工作效率。

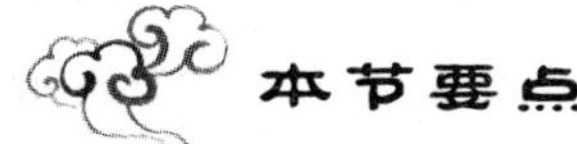

本节要点

1. 手机是新时代的产物，它已成为人们日常生活中必不可少的好帮手。

2. 手机带来好处的同时，也带来很多的坏处，我们要学会戒掉使用手机的不良习惯。

3. “10106 法则”帮助我们学会使用手机的基本礼仪，是我们每个人都应该做到的。

职场社交 App，不只是私生活

社交 App 满足了人们的沟通和交际需求，维持着个人和他人的交际关系。日常生活中，人们利用社交 App 建立私人交际圈，记录个人生活，关注他人动态。职场中，社交 App 进入职场领域，不再局限于私人所有，职场人需要从个人职场形象角度考虑，用好社交 App。

1. 在现代生活中不可或缺的社交 App

近年来，随着互联网的发展和电子高新技术的日趋成熟，以及移动设备的快速崛起，随之伴随而来的是 App 呈现爆发式增长。其中，社交 App 已经成为人们日常生活中进行社交活动的重要工具。

社交 App 的存在，在于其社交性，便于社交、促进社交往往是社交 App 的共同点。社交 App 对人们的生活影响巨大，不管是工作、生活还是娱乐都离不开社交网络。在这个智能手机普及的时代，绝大多数人都是网络的受益者和社交 App 的使用者。

一是社交 App 为人们提供了联系他人的工具，让人们通过多样化的方式保持现有的人际关系。比如，社交 App 中的聊天、视频、语音和图片功能，让人们通过不同的方式，与自己熟识的人，无距离、无限制、无障碍地交谈、交往，拉近了彼此的距离。而社交 App 提供的生动有趣的表达方式，让我们和他人在网络的交往不会那么生硬，且产生了面对面时才有的亲近感。很多情况下，在社交 App 上，表达自己、了解他人，在沟通和互动中，我们的人际关系得以维持和发展。

二是在职场，职场人常用社交 App 进行职场中的工作交流和关系维持。工作时，除了进行面对面的交流，许多企业的员工大多在线上通过 QQ 在线传输文件，交流讨论问题。这种交流方式更为直接，也更为方便。在利用这种交流方式时，在某种程度上使得职场人联系紧密，彼此亲近。工作结束，人们多会通过微信来交谈说话，在微信的朋友圈里查看他人发了什么样的内容，同时更新自己的状态。

三是社交 App 中丰富的功能，可以让我们结识很多新朋友，也可以快速融入一个新的圈子里，比如通过看别人的空间、朋友圈中发布的信息和

内容，就能够在一定程度上了解这个人的喜好以及生活状态，这样就可以帮助我们在短时间内了解他人。在网络中，社交 App 也能帮助人们维持和发展自己的人脉关系，促进自己的职业发展。

四是某种程度上，社交 App 的存在，为人们的社交之路提供了一条捷径，大家可以在无须现实的接触下，就对别人有一定程度的了解，并进行交往。这样的交往往往就让我们在接近他人时具有主动性，同时更利于我们发现自己的同好群体，帮助我们有针对性地发现自己感兴趣的交际圈，发展自己的人际关系，扩展自己的交际范围。

五是社交 App 能帮助人们减轻交际中可能存在的心理上的交际障碍。常见的是，很多人在现实生活中倾向于寡言少语，不擅长进行面对面的交流，而在社交 App 上，他或她，往往能够很轻松地表达自我，述说自己的想法。对于很多人来说，社交 App 成为个人与他人主要的交流方式，也是保持自己的人际关系不可缺少的辅助工具。

如今，职场人利用社交 App 最多的就是微信朋友圈。微信朋友圈的存在，对于身处职场的上班族来说，可以随时跟好友分享心情和趣事，这无疑大大增加了同事、朋友之间交流的便利性和内容的丰富性。可以说，在空间朋友圈分享生活趣事、实时更新动态成了很多职场人生活中非常重要的一部分。

2. 物极必反，职场上社交 App 不只是私生活

在现代社交活动中，社交 App 是现实社交过程中不可或缺的一部分，也是生活中人们重要的社交工具和交流渠道。在智能终端普及的今天，社交 App 也是反映个人生活内容、性格喜好，以及生活状态的一面展示墙。很多职场人会选择在微博、微信朋友圈这样的社交空间里发布个人心情，更新生活状态。

社交 App 首先属于个人。个人每天在生活中适当地与朋友保持联系，

更新自己的状态，让朋友之间增加了了解；各种信息的分享，丰富了他人的阅读内容。

以微信朋友圈来说，朋友圈的图文信息让人们能够发布自己的日常状态，同时及时地了解朋友们的生活动态。在发布信息时，有的人会分享一些为他人带来快乐的生活趣事。有些人会发布一些对他人有用的信息，不但能让朋友们在生活中和工作中受益，也能在工作之余缓解压力，收获更多快乐。

然而，职场中，社交 App 踏入了公共区域，就有了不一样的意味。以微信朋友圈为例，我们每天分享的各种生活状态、各种趣事已经进入了职场人的视线区域，展示给了自己的同事、上司、其他职场人士。这些内容成为我们呈现自己的一面镜子，表现着我们的个性特点，形成他人对我们的印象，成为我们在职场生活中外在形象的一部分。

很多职场人往往不能把握好社交 App 的私人性延伸到公共性的尺度，把个人的私人生活通过社交 App 带入了职场生活，在职场对自己的私人生活进行分钟的直播。

有的职场人在微信朋友圈十分活跃，一举一动，一言一行都要晒，吃了什么、做了什么、玩了什么、在哪、和谁、什么时候，这些内容都要详细陈列，发到网上。随时随地，我需要有人看到我，我需要有人知道我，你点赞我知道你关注了我，你不点赞但你刷开朋友圈时也忽略不了我。

常见很多职场人士成为微信控，对晒生活有着近乎迷恋的投入，什么东西都会拿到网上见见光。旅游一回，朋友圈里就会出现一大波的旅游图片。生活中有了小开心，也会拿出来晒，即使是涉及个人隐私的内容也会进行一一展示。有些人喜欢萌，还会在朋友圈小小地撒娇一把。晒得多了，就成了滥晒，私人生活侵入公众视野。

有网友就调侃着总结微信朋友圈中展示日常生活，常有四烦：一烦晒恩爱，二烦晒小孩，三烦晒自拍，四烦晒菜。以晒三餐为例，比如有些人

吃饭前会发“今天吃海鲜，好开心哟”，吃的海鲜不一定要拍照，但是自拍照是一定要附上的。吃过饭再来一句“吃得好撑哟”，又是一大波自拍照。而在聚餐时，菜摆上桌，大家不能动筷子，得先让照相机过一遍。晒恩爱、晒自拍、晒健身、晒身材、晒小孩，每天每时，个人的私生活都展示给了别人，自己做了什么，别人查看了自己的朋友圈往往就一清二楚。

个人的社交 App 虽然使用者是个人，一旦建立了自己的朋友圈，这时就把自己带入了公共场合。职场人士每天忙碌工作，闲暇时发些生活和工作的状态也是放松自己的一种方式。但是私人内容的过度泛滥，侵入他人的区域，就好比是在公交车上大声喧哗，在图书馆诵读课文，对别人或多或少会有影响。至于影响是大是小，或者是好是坏，体会过的人自然是懂的。

再说一个更加浅显的事例。这两年来，微信代购、QQ 空间里的微店真的可以用泛滥来形容。突然某一天，不知道你的哪个同事就开始发广告卖东西了。所以朋友圈里最近流行一句话“你永远不知道下一个代购是谁”，一语道破现状与无奈。当职场社交 App 沦为个人的广告展示区时，不知每天下班在拿着手机刷着朋友圈的职场男女们心中又是何种想法。

生活压力大、工作压力大时，有些职业人士也会把社交空间作为个人发泄生活和工作压力的地方，大吐生活苦水，把消极的个人情绪全部倾倒在空间里，造成他人负面的感受。这是最不可取的行为，不仅暴露了你的性格缺点，同时也间接地影响了别人的心情，所以说，我们都应该做一个传播正能量的人。

展示私生活的人从自我出发，从自我考虑使用社交 App，然而看的人却不会这么想。看的人更希望看到的是有意义的内容、有价值的信息，或是带来欢乐，或是对生活有所帮助的信息。职场人的时间宝贵，应该很少会有人对同事琐碎的生活细节感兴趣，也不会期待每天打开朋友圈，充斥眼帘的是同事的流水账、生活日志和过于私人化的内容。

事情做过了，就变了味。私生活过度侵入他人的阅读空间和视线领域，虽不至于让他人有太大的反感，但是个人形象却总不会太好。无论是文字内容，还是图片内容，这些秀和晒出来的内容如果是鸡毛蒜皮、生活琐碎，只会给人带来无聊无趣、无价值兼无意义的评价。进入职场区域，这种个人私人生活展示方式往往是对个人职场形象的一大减分。

3. 职场人的社交 App 修养

任何公共场所都有基本的原则和礼仪，微信和 QQ 群、论坛也不例外，微信朋友圈更是如此。朋友圈不仅是一个相互交流沟通的平台，更是一个休闲和非正式的交流平台，它的存在，更重要的是满足朋友之间的心理沟通和交流需求。而在充斥职场人士的圈子，个人的朋友圈更是职场人士与职场同类人进行交流和沟通的一大平台，满足的是互相之间相互交流、相互了解、相互影响的互动需求。

职场人利用社交 App 说了什么，又向他人传播了什么样的消息和内容，表现的是职场人所具有的趣味、态度、见识、主张和审美，描述的是职场人的综合素质。

对于朋友圈中的读者和听众来说，朋友圈的内容能够看出你是什么样的人，具有什么样的个性，具有什么样的素质和水准，这些东西都映照着职场人士的个人形象，形成了他人的印象和评价，进一步来说，这种印象和评价会影响到职场中与他人的关系的建立和维持。

可以说，个人社交 App 一旦涉入职场领域，个人私人社交圈与职场社交圈产生了交集，就让私人的社交圈染上了职场氛围。职场人士在使用社交 App 时，应该把握私生活和工作之间的尺度，从个人职场人士的身份角度考虑自身职场形象，做到在一言一行中约束自己，尊重他人，表现自己的修养和礼仪，成为一个令他人欣赏的职场人。

本节要点

1. 现代生活，社交 App 不可或缺，它满足了人们沟通和交际需求。

2. 踏入职场，社交 App 不能狂晒个人私生活。

3. 职场人在使用社交 App 时，要考虑自己职场中的身份，约束自己，用好社交 App。

自媒体与公众媒体的区别

休闲时刻，如果读到了一本好书，我们会写出自己感悟，贴到网上。行走在路上，如果遇到了有趣的事情，我们也会拿出手机拍下照片，写下评论，发到朋友圈。在微博中，我们会发表自己的观点，与他人产生积极互动；在微信朋友圈里，我们会记录自己的生活，同时传播对他人有价值的信息。我们利用自媒体在生活，不自觉中我们已经踏入了自媒体的时代。

自媒体时代，自媒体放大个人的自我和自由。同时，个人作为自己的媒体，表达自我，传达个人价值，形成个人品牌，展现个人修养。

1. 自媒体，个人的自我和自由

“草根新闻，源于大众，为了大众。”美国著名硅谷 IT（信息技术）专栏作家丹·吉尔默在自己的专著《自媒体》中是这样定位自媒体的。这样的描述其实点名了自媒体适应的是普通大众的需求，适应的是普通大众的步调，来自普通大众，又回归到普通大众的特质。利用自媒体，普通大众成为他们所处的世界的观察者，成为“当事人”，成为积极的信息生产者和消费者。

自媒体（We Media），可以理解为我所有的媒体，也可以理解为我就是媒体。所谓个人自媒体，其实指的就是一些能够为普通生活中的个人提供的制造信息、积累信息、共享信息、传播信息的传播媒介。简单来说则是普通个人用来发布自己日常所闻所见、所思所感的事件和信息的载体，像博客、微博、微信、论坛等网络社区，都算是一般的自媒体平台。

随着博客、微博、微信走入更多人的生活，自媒体的概念越来越清晰，个人自媒体成为个人表达自我的常用媒介。借助博客、微博、微信等自媒体平台，个人能够自由地选择自己想说的话，决定自己想写的内容，表达自己想要表达的观点，传递关于自己的信息，建立自己的社交网络，形成了个人的影响力。很多人还说现在很多自媒体的背后都是一个团队在策划，已经不是真正的自媒体了，这个会在后面的章节中和大家探讨。

与个人自媒体所相对的是公众媒体。比如，一些机构或组织的官方微博、官方微信都属于公众媒体。这些组织可能是政府机构、媒体机构，也可能是企业公司。

如果说个人自媒体的背后是一个个人，公众媒体背后往往是一个组织。给一家公司的官方微信发消息，更多的时候，你只会得到一些标准客服式的回答；给个人媒体公众号发消息，你收到的可能是对方诙谐式的回应。

在说话方式上，个人自媒体用个人的口吻在说话，用个人的语言在描述，以个人的面目表现着自我。相对而言，公众媒体的口吻比较官方，用的是组织的语言，维护的是公众形象。

公众媒体以公众为主，言论和行为都有约束。自媒体就是以我为主，更自我和自由。自媒体强调个人，倡导个人观点，不需要特意去遵循主流观点的约束，也不需要按照正规的路径，观点可以超凡脱俗，行为可以离经叛道，人们对自媒体的开放度和容忍度也更高。

提起自媒体人的随性和自由，不禁想起被称为“自媒体第一人”的程苓峰。

2012 年 8 月 29 日，程苓峰发布微博称：“我已离职。迁居南方小镇。我选择不打工、不创业，专心做个人媒体，关注互联网。通过微博和各媒体专栏发布信息，通过稿费和咨询获取收入。个人媒体和社会化媒体是雌雄一体，是大势所趋。我相信自由身更利于创意，令作品更出色，影响力更大，有体面的收入。以激励媒体人脱离机构束缚，促进行业透明和制衡。”

程苓峰在自媒体上寻找个人的自由，“没有人喜欢被他人左右，没有记者喜欢自己创造的文字被他人随意删改”。他选择全力投入自己的个人媒体，利用自媒体进行原创写作，独立发表，积累起自己的用户。

程苓峰的这种自由，公众媒体往往提供不了。在公众媒体上说话，无论是说什么样的话，以什么方式去说话，都要遵循组织的价值观和原则，受组织形象的约束和限制。从这个意义上来说，个人自媒体，只代表个人，说个人想说的话，以个人喜欢的方式，不被左右，不被约束，称得上是个人自媒体所具有的先天优势。

2. 自媒体，关乎个人的品牌

公众媒体注重公众形象，树立的是组织的品牌。自媒体，注重自我，树立的是个人品牌。

提起《晓说》，你会想起高晓松；提起《逻辑思维》，你会想起罗振宇；提起《穹顶之下》，你会想起柴静。自媒体时代，自媒体人利用个人媒体阐述个人价值，形成了个人的品牌。

网络自制视频《晓说》，可以说是高晓松的个人品牌。在每周一集只有30 分钟左右的节目中，主讲人高晓松以自己最舒服、最简单的方式来做节目，天文地理，海外见闻，中西野史，各种话题无所不讲，可以说是形成了视频化的“高晓松专栏文章”，成为高晓松的自媒体。

罗振宇的自媒体《罗辑思维》也是高知名度、高代表性的自媒体之一。同样是视频脱口秀节目，罗振宇的《罗辑思维》，常常用轻松的话语探讨严肃话题，内容直触现实热点，在网络上受到大批人的追捧。然而，视频节目形式的《罗辑思维》只是罗振宇的自媒体的一张名片，《罗辑思维》在微信平台上的形象更是不拘一格。

《罗辑思维》微信公众号在运营上，选择不走寻常路，一大标签就是罗振宇的60秒语音。罗振宇每天早上6点起床，录一段60秒的音频，在6点半左右发在微信上。为了让这段话刚好卡在60秒，他在前一天晚上往往会练习好几遍。“所有的媒体人6点半都起不来，那我就死磕，做你们做不到的一件事，别人做不到，我做得到。”60秒语音所代表的死磕精神成为罗振宇的坚持，也成为他的个人标签。而他所尝试的自媒体的新鲜做法，在海量的公众订阅号里，把罗辑思维塑造成为了强大的个人品牌。

2015年2月28日，独立媒体人柴静推出了自己的雾霾深度调查《穹顶之下》，这部时长达103分钟55秒的视频聚焦近些年来公众关注的雾霾问题，柴静用大量令人信服的数据、深入实地的采访以及外国雾霾治理经验的对照，深刻揭露了雾霾污染的黑暗面，全面客观地做了全民雾霾科普。不到一天时间，传遍全网，成为数亿人手机朋友圈中热谈的话题。《穹顶之下》，让柴静成为了具有公共精神的媒体人的代表。

高晓松、罗振宇、柴静，都可以说是知识精英通过内容打造个人影响力的自媒体人的案例。而他们所具有的个人影响力，往往是很多公众媒体所难以达到的。

前面提到现在很多自媒体的背后都是一个团队，是的，很多个人自媒体都不是一个人在战斗，其背后更多的是一个团队甚至是一个公司在进行

着操作和运营。从我们熟知的明星微博、草根微博、专业名博等，其后台有团队在做形象维护。微信自媒体上，很多人在撰稿时也不是单打独斗。考虑到自媒体内容可持续的问题，有些自媒体人都选择对外征稿，由多人进行维护。程苓峰的自媒体也从个人变成了“程苓峰和他的朋友们”。“罗辑思维”这个账号的运营团队已经成立公司。

自媒体运营的是个人品牌，产生的也是个人的影响力。无论是一个人在维持，还是有一个团队在运营，或是有目的有计划地依据自我形象定位生产或者撰写合适的内容，要突出的也是这个公众号背后的人格体，遵循的是走出个人的风格，树立个人鲜明的品牌形象。可以说，自媒体背后的个人才是个人自媒体的主编和主角。

3. 自媒体，关乎个人的修养

公众媒体为了维护所属组织的形象和品牌，遵循一定的约束，坚持不跑偏。与此不同的是，个人自媒体进行的是自我管理，而自由不受限的特点使得自媒体往往欠缺约束，能够约束自己的常常只是个人所具有的品质和素养。从这个意义上来说，个人自媒体在使用上，更要注重个人修养。

人们在成立自己的自媒体，就是个人自媒体的主人。然而，人有千姿百态，人们所展示出的自媒体形象又是大不相同。个人的修养就反映在，个人如何使用自媒体，用自媒体说了什么，对他人产生了什么影响。

在使用自媒体发布信息时，很多人按照自己的喜好和意愿进行随心所欲的内容张贴。有些人会以一种流水账的方式，记录着自己的个人生活琐事。有些人可能是会就个人生活中的感悟和自身境遇进行思考。对时事政治感兴趣的人会发表自己对时事政治的观察和评论，在特定领域有所专的人则会在自媒体空间发表自己的探索与思考。

言行反映素养，反映个性。在自媒体上说了什么，展现的是个人的趣味、态度、见识、主张和审美，常常表现出个人的人性。对于你的读者和听众来说，你的个人自媒体反映着你，同时折射出你的内在。人们能从你的微博或是微信中的内容看出你是什么样的人，从你的感悟和你的评论看出你的水平，从你的朋友圈中看出你具有什么样的个性。

自媒体表达着自我，同时影响着他人，从这个意义上来说，自媒体不再只是和自己相关。优秀的自媒体可以让自己的听众和观众获取有价值的信息，帮助人们发现意义与价值，有助于他人的生活和工作。而有些自媒体却是选择发表一些无关紧要的内容，张贴一些无聊、失真信息，转载一些无价值的占用他人阅读空间的内容，甚至是传播一些不健康的东西。

予人玫瑰，手有余香，应该是每一个利用自媒体的个人应该具有的自媒体修养。

我们一旦建立了自己的朋友圈，就应该从礼仪的角度考虑自身行为，思考自身形象。在发布内容时，传递的应该是积极正面的信息和有价值的内容；与他人互动时，应该展示自身良好的教养；在评论、转发时，则需要更为理性和谨慎，为自己的听众和观众做考虑。更进一步的则是，从个人品牌的角度思考个人自媒体，利用自媒体进行个人定位，发布对他人有价值的内容，用自媒体打造出良好的个人品牌，提升自身价值。

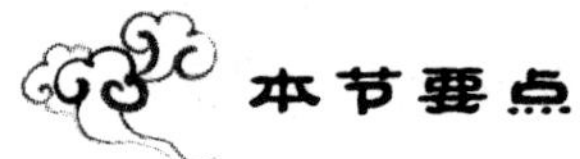

本节要点

1. 与公众媒体相比，个人自媒体给予个人更多自由。

2. 与公众媒体相比，个人代表自己，通过自媒体形成个人品牌。

3. 自媒体时代，个人应具有自媒体的修养，把自媒体和个人形象联系起来，从个人品牌的角度思考自媒体，审视自身价值。

微信、微博和博客的使用礼仪

1. 互联网加速了礼仪的“灭亡”

互联网的飞速发展，为人们获取信息与传递信息带来了许多便利，但是也使越来越多的人忽视和遗忘了传统的交往礼仪。

如今，智能手机的功能越来越强大，不仅能听音乐、看电影，还能随时上网、即时通信。特别是微博、微信等社交工具的出现与普及，使人们能够随时随地与网友们聊天，于是，越来越多的“低头一族”“指尖一族”随之诞生，反而忽视了身边的人。

无论是在公众场合、工作场所还是与朋友的聚会中，拿着手机不停地刷微博、聊微信都是无礼的行为。网络世界相对自由的氛围让许多人忽视了现实交往的基本礼仪行为，一些网络熟语充斥现实世界甚至是正规场合，这些都是不良的礼仪现状。

2. 无声沟通，更易失礼

博客、微博和微信，这些科技的产物并未带来人们行为的绝对进步，反而促成了众多不文明现象的出现。

在这些平台上，人们发表信息不需要表露身份，这使许多人“肆无忌惮”，认为自己说得过火了也不用承担什么后果。但是，在这些社交平台上，个人的观点并非只影响少数人，所有的网友都有机会看到，这就很容易引发争端，一些无礼的不当发言也很容易招致人们的“口诛笔伐”。由于并非面对面的交流，没有语气、动作、表情等众多交流的辅助信息，单纯的文字表达也容易造成理解和感受的偏差。由于一时的误解引发了一时的冲动，最终演变为激烈的“言语交锋”的事件并不少见。

在博客、微博和微信平台上，不管是发言还是围观，都要保持一定的理性，不能信口开河，想说什么就说什么。网络世界并非毫无节制的自由天堂，尽管虚拟，但也属于公共场合，不能把其作为自己发牢骚、泄私愤的场所。

不仅是普通民众，一些在现实生活或网络世界中声名显赫的名人，也屡屡出现失礼行为。近几年，名人通过微博、微信“隔空对骂”的事件更是屡屡发生，每次都能引发轩然大波。公众人物忽视公众礼仪，成为人们讨论的焦点。

2011 年 7 月，同济大学人文学院教授张生在上海一家报纸上发表文章，批评身为《中国达人秀》评委的周立波思想肤浅、教养低下。

此文刚出，以能说会道著称的“海派清口”创始人周立波就立即通过微博做出回应，称：“骂你都嫌口脏但你命真好！居然有幸成为周立波口中的半口浓痰！来而不往非礼也！以下是本人对你的绝骂：有教无养，同济耻辱！走好！”

这一顿恶语连篇似乎也没能平息周立波心中的怒火，之后数日，周立波又连发四篇“骂人”微博宣泄心中的不满。但是，周立波不当的言语显然没能为其带来正面效应，在此事件中，大多数网友都站在了张教授一方，连呼“海派粗口”伤不起。

作为事件起因的张教授的评论文章，不论他最初的目的是什么，评价又是否客观公正，但至少张教授是通过一个正规公开的渠道表达自己的观点意见，并未有粗俗的言语。不过，周立波的过激反应显然没能有效平息事态，反而使事件不断升级。周立波想要维护自身的名誉，出发点可以理解，但是其粗言秽语却反而损害了自身的形象，甚至损害了自身所创建的品牌。

名人在媒体面前，在公众场合中，总是会格外注意自身的言行，一般

都会“话到嘴边留三分”，但是到了微博、微信这些私人平台上，就少了许多顾忌和约束。在这种随心所欲的环境中，一旦情绪失控，就很容易冒出不冷静、不理智的言语，而这些言语又会被网友和媒体关注评论、过度解读，进而引发争议，乃至发展为“论战”或“骂战”。

所以，普通人也好，名人也罢，在博客、微博和微信上发表言论，都一定要反复思量，做到心中有数，学会慎言、慎行、慎独，凡事“口下留情”，就会避免许多无谓的争端。

3. 全新的平台需要全新的礼仪规范

互联网时代，需要互联网礼仪。传统的礼仪规范，仍然是值得我们学习和遵守的，但是在互联网时代下，传统礼仪也需要进一步扩充，也有着新的表现。

博客、微博、微信，这些人们最常接触和使用的互联网工具，究竟要如何运用才是有礼有节呢？

我们需要了解博客、微博、微信这三者的差异和使用的基本原则，这三种信息交流方式很相似但又截然不同。

（1）博客

博客出现最早，对内容长度没有过多的限制。现在，人们一般不会使用博客闲聊或是发送一些简单的新闻信息，博客中发表的文章，多是整体性、系统性的，从专业视角出发的有所建树的文章。所以，在博客上，无论是转发的还是自我编写的内容，都要求有知识性，或是能带来一些思想上的感染与启迪。如果仅仅是一些实际内容的“空架子”，就是在浪费他人的时间。

（2）微博

微博，顾名思义就是“微型的博客”，其与博客有许多相似之处，只是字数限定在140字以内。同时，微博更好地适应了智能手机平台，不仅可以简单地发布更新，而且可以被粉丝转发从而获得更大的传播量和更快的传播速度。所以，在微博上，不仅会有众多日常生活片段的截取场景，一些社会热点、重大新闻也越来越多地通过微博来进行传递。在微博上，应当多发有意义的事情，不要把所有生活琐事不假思索地往上搬。应当多发送或表达一些积极的事件和观点，传播正能量。

（3）微信

微信是“后起之秀”，但是其发展势头却一点也不输给博客、微博这些“前辈”。微信最大的优势就是使用便捷，能够快速地通过手机发送信息和图片。所以，微信上的信息，更倾向于朋友圈内的日常闲聊，或是发送一些简明扼要的信息。微信一般不会像微博一样，发送一整段文字后等待网友评论，而是以对话的形式实时展开。微信不需要太高的专业性，用词也可以轻松随便一些，但是基本的用语文明还是必须要有的，带有蔑视侮辱性质的话语更是不能容忍。

作为一种传递信息、表达观点的平台，无论是博客、微博还是微信，保证内容的真实性都是第一要务。不管在现实生活还是网络世界，如果满口胡言乱语，显然不是有礼貌的行为。因为网络的虚拟性，在这里，人们不需要暴露自己的真实身份，很多人也就不愿再为自己的行为负责。众多不经证实便发送的消息，甚至是刻意伪造的消息被放出的事件屡见不鲜，“网络谣言”成了一种新的社会公害。

例如，曾有网友在微信上危言耸听，发布美国总统奥巴马指使美国国防部监听微信的消息，并在最后发表“不转不是中国人”之类的言论。该网友发布的这条信息，没有丝毫站得住脚的证据，只是为吸引眼球、哗众取宠，而且，“不转不是中国人”这类“逼迫式”的宣传手段，不仅没有礼节，也很容易招致反感。

博客、微博、微信上发表的内容应尽可能坚持原创性，一些自己觉着很好的内容，如果不能很好地加以改造，那么就不要笨拙地模仿，可以转

发并标明出处。这既是对粉丝的尊重，也是对创作者的尊重。

“刷屏”行为应当适可而止，不要事无巨细地“一一上报”。在微博刚刚兴起时，“晒美食”成为许多人的新习惯，看到什么新鲜食物、美味食物，拍张照片，发表几句感谢成为了日常生活的常态。但后来，这种习惯似乎成为了一种“强迫症”，一日三餐，不管吃什么都要拍张照发条微博、微信，哪怕只是吃个零食，也要发表一通感言，这些琐碎的、没有营养的内容让许多人不胜其扰。经常在饭桌上第一件事就是大家一起举手机拍照，搞得同桌的外国朋友们很惊奇，以为我们的手机有消毒功能。

并不是说不能分享这些日常琐事，而是说我们应当明白他人喜欢看到的是什么内容。人们并不想知道你每顿饭吃的是什么，他们关注的是你对新食物的感受，关注的是你在聚会时的心情等。此外，一些刻意显摆炫耀的内容也要竭力避免，否则很容易引起他人的反感。

现在，“微营销”“微经济”成了新的热词，不仅一些知名的企业在通过微博、微信打造自己的宣传体系、服务体系，也有越来越多的个人通过微博和微信做起了网上生意。于是乎，各种商品信息、推广信息开始充斥在微博和微信上。“每天走进朋友圈，看到的都是各式各样的商品图片，现在完全不敢用微信。”诸如此类的抱怨越来越多。使用微博、微信做生意，本身既不违法也不违背道德，但是毫无节制的宣传显然是一种“扰民”行为。

其实，虚拟空间的对话，与现实空间的对话形式不同，但本质并未改变。如果每个人都能坚持换位思考的原则，做到“己所不欲，勿施于人”，那么充满火药味的摩擦就不会发生，这些社交网络也能成为一个文明有礼的空间。

本节要点

1. 互联网交流方式，很容易让人疏忽礼仪规范。

2. 无声的交流方式容易产生争端，使用博客、微博、微信应当“三思而后行”。

3. 博客不要“刻薄”，注意言辞有礼，微博不是“围脖”，不要随便乱发内容，微信不是“危信”，切忌危言耸听。

4. 有礼节地使用网络社交工具，就是要坚持换位思考，坚持基本使用规范。

商务礼仪，别让细节伤你误你

1. 礼仪，职场人士不可或缺的基本素养

小张是某公司的员工，有一天他来到公司财务部窗口报销费用，等待的时候百无聊赖，便将手中一张无法报销的票据揉成团随意扔在了地上，并坐在转椅上不断地晃动。

在场的其他部门同事看到后，心想：“这是哪个部门的人啊，素质真差！”旁边窗口正在交定金的客户看到后，也在想：“有这种素质的员工，这个公司做的东西质量会好吗？我还是再考察考察吧！”几位商谈合作的外商在参观公司的时候恰巧经过，看到这一幕也在想：“员工怎么是这种状态，这家公司能生产出符合我们要求的产品吗？”于是放弃了当前的合作项目。

当然，这件案例只是一起个案，很多时候，职场人士个人的不文明行

为也许并不会造成如此恶劣的后果。不过，我们也要认识到，不遵守礼仪规范也有可能会造成严重后果，职场人士不能拿公司的利益当儿戏。小张的不文明行为，即便是没有让客户、外商改变初衷，但也必定会给同事、客户等人留下不好的印象，对于个人形象、公司形象都是一种损害。

通过礼仪规范学习，打造出良好的商务礼仪形象，对于职场人士所处的团队及公司，以及他所接待的客户都有着直接的影响。

对于个人来说，礼仪有助于职场气质的修炼，让自己成为一名真正的“职场人”；对于团队来说，有礼的个人能够营造出彼此尊重的和谐气氛，提高团队的合作效率；对于公司来说，有礼的员工能够提升整个公司的职业化形象；对于客户来说，有礼的职场人员更容易让他们产生信赖感，增加专业印象，从而有利于促成交易或合作。

所以，礼仪与个人价值、公司价值息息相关，每一位职场人士都要予以重视，加以学习，用礼仪包装自己，助推职业生涯的发展。

2. 商务场合，细节决定成败

在商务活动中，参与的个人不仅要具备良好的商务礼仪，更要注重每一个细节并自始至终地坚持，任何一处疏忽都有可能导致满盘皆输。特别是业务合作、商务谈判这类与客户直接接触，并与公司利益紧密挂钩的商务活动，商务礼仪不仅体现着职场人士的教养和素质，也会对思想、情感产生不可忽视的影响，甚至会直接决定对方愿不愿意谈下去，愿不愿意点头。

有个学员给我讲了一个真实的案例。

某一天他带着团队跟一位企业客户签署合同。由于双方事前已经商讨得差不多了，他觉着这是一次特别轻松的任务。但是，待双方代表会面时，明显感觉对方的态度有些奇怪，面对合同内容闪烁其词，并且对公司的一系列资质、能力表示疑问。无奈之下他只好向客户详细阐述了一遍，但最终对方还是借故推迟了签约时间。后来，他才得知，原来是因为当天自己的助理着装过于随意，皮鞋没擦，领带系歪了，让对方的领导产生了不信任感，最终给公司带来了影响。尽管事后经过很专业的沟通，他们还是成功签约，但是这件事给他留下了深刻的印象，从此开始亲自关注员工商务礼仪培训的相关事情。

有时，一场声势浩大的商务谈判的成败就决定于这不经意的细节，特别是陌生的客户或是大额的合作项目，细节的影响往往更为关键。商务礼仪的细节，不仅能展现出职场人员做事是否认真细致，也能展现出对客户是否重视、是否尊敬，这对客户的决定有着重要的影响。

3. 良好的商务礼仪是迈向成功的“敲门砖”

商务礼仪是连接不同身份、不同地位、不同文化的双方之间的踏板，有着良好商务礼仪的职场人员，对方会不自觉地同你多聊几句，相反，礼仪形象不佳，对方则会想尽办法尽快结束对话。

商务礼仪的基础是良好的个人形象，职场人士在拜访客户、接待客户时，正装是唯一的选择，而且西服、西裤、皮鞋、腰带要保证颜色统一，穿戴整齐。如果是参加聚会或是宴请客户，则可以穿着礼服或便服。无论是正装还是礼服，在客户面前，职场人士的着装都要坚决避免六大禁忌：过分杂乱、过分鲜艳、过分暴露、过分透视、过分短小、过分紧身。触犯了禁忌的着装，是不雅观、不礼貌的。

正装里面不要穿得过多，春秋季节只配一件衬衣即可，冬季则可加一件羊毛衫，穿得过多会显得过分臃肿，破坏整体的线条美。正装的口袋多为装饰性的，通常用来放装饰的口袋巾，千万不要放手机、钥匙、钱包等物品，否则鼓鼓囊囊的很不协调。正装的扣子一定要扣好，严禁敞怀。黑色与藏青色的正装是永远不会过时、不会失礼的，职场人士可以以这两种颜色为主要选择。

职场女士可以适当地梳妆打扮，但切勿浓妆艳抹，更不可染发或留怪异的发型。可以适当地喷些古龙水（古龙水不一定是男士的专属，女士用也可以有酷酷的感觉）或味道清淡的香水，不要使用味道过于浓烈的香水。

与客户会面时，职场人员应简要地进行自我介绍，之后可以主动伸出手寻求与对方握手，但如果是男士面对女客户，则应等对方先伸出手，然后才能相握。握手时应当虎口相扣，力度适中，持续 3 秒钟左右。力度过轻、时间过短都会让人认为是在敷衍，但力度过强、时间过久也会显得很尴尬。

握手后，职场人士应立刻递上自己的名片，以对方的方向为正，双手持名片的两角递给客户，并略微低头弯腰示意请对方收下。在接对方的名片时，也要用双手持名片两角，并在接到后迅速地看一下对方的姓名、职务并牢记，然后慎重地放入皮夹或名片夹中。切忌在对方面前随意在名片上写画。尤其是现在有很多方便的电子名片 App，收到名片后不要马上扫描扔掉名片，应该回去收集整理好。

如果是接待客户，则要提前整理好会客室，保持卫生洁净、桌椅整齐。客户到来后，应主动到公司外迎接，并表示热烈的欢迎。

为客户引路时，应走在客户左前方两三步的位置上，让客户走在正中央。行走时要同客户的步伐保持一致，并时刻注意客户，做些简要的介绍或交流。当来到拐角或楼梯前时，应说“这边请”或“请小心台阶”等。在上楼梯时，应让客户走在右侧，引路人走在左侧，并注意做出引导和提醒。

在乘坐电梯时，无论是上还是下，应当客户优先，引路人始终按住“开”的按钮，等待客户完全进入或走出电梯。对于单排按钮的电梯，应请客户站在电梯内部按钮的斜对面最里面的位置，对于双排按钮的电梯，则应请客户站在最里面中间的位置，引路人员则应始终站在按钮旁方便操作。在电梯内，不要大声说话，随意地走动或晃动。

我曾经有个学员是一家公司的总经理，刚好有一天在下班的高峰期和员工一起乘坐电梯，结果所有的员工没有一个知晓电梯礼仪，全然不顾总经理在旁边，在电梯里吵闹喧哗，争上争下，这位老总事后就找到我，他自己说："我在里面没什么，都算是自己人，如果是我的公司客户来了，一定感觉很不舒服，有可能会影响我们的公司形象。"是的，这位老总很聪明，他意识到了细节对公司形象的伤害，而且还有可能会造成直接经济损失，由此可见职场礼仪的重要性。

说到电梯礼仪，不得不说关于等候和开关门的礼仪，在大多数公众场合，我自己经历过很多次，通常都是电梯里的人自己进了电梯就想匆匆地关门，有时候即使遇见有人呼喊也置之不理，这是特别不好的礼仪细节。因为电梯是公众设施，我们应该尽可能地多发挥它的价值，能等别人一起的时候尽量多开门等一会儿，尤其是在上下班的高峰期，也许这几秒钟的等待就帮了别人大忙。另外我还遇见过带孩子坐电梯的家长，小朋友对任何事情都是好奇的，他们可能不知道电梯里的楼层按键是做什么的，这个时候家长就要教育好小朋友不要乱按，避免发生每个楼层都停下来开关门的情况。

我们再回到职场接待的情景中，这个时候客人已经从电梯走出来到会客室了。

会客室中客人的位置，应当安排在正对门的方向。引领客户进入会客室后，应尽快请客户入座，并准备茶水。职场人员自己在入座时，要注意缓速轻坐，不应坐得太满，最好是坐在座椅的2/3处，身体应当略微前倾，表示恭敬，切忌随意地靠在靠背上。

在与客户交谈时，谈话的技巧、沟通的策略虽然重要，但是言语恭敬则更为关键。职场人员应当做到不卑不亢，不到最后下结论的时刻，最好能多采用"模糊语言"，特别是对一些难以准确回答的问题，这样既可以

减少对客户面子的威胁与伤害，也能为自己留有余地。

商务礼仪，从总体上来说，有助于提高商务人员的素质修养和个人竞争力，有助于构建起良好的人际关系，面对客户时，能给对方留下深刻印象，并对企业产生好感，减少谈判的阻力，促成交易的成功。而且我们应该从小事做起，尤其是现在互联网时代，你的一言一行极有可能会被人偶然拍到传到网上，即使是奥巴马玩自拍也没逃过智能手机的法眼，一不小心制造了一起新闻事件。我们虽然不是什么明星名人，但是职场之中的细节有可能会在关键时刻影响全局，平时多注意，关键时刻才不会伤人误事。

本节要点

1. 礼仪是所有职场人士必备的能力素质之一。

2. 在商务场合中，任何礼仪细节都至关重要。

3. 商务礼仪的细节体现在形象、会面、接待、商谈的每一个环节中，需要认真雕琢、妥善落实。

第三章
互联网时代的形象礼仪

很多商务人士感叹，在互联网时代，自己的隐私没有了死角。这给众多商务人士带来了不小的困扰，让他们不得不时刻注重个人形象。注重个人形象，也是礼仪的一个方面。作为商务人士，应设计出符合不同生活和工作场所的个人形象。

整理衣橱，定义着装场景

1. 衣橱是人生的缩影

服装的诞生与演化伴随着人类社会产生与发展的全过程，从最原始社会的仅仅用于遮体避寒的兽皮服装，到当今互联网时代外形和功能各异的各类服装，服装也已经紧跟着人类需求、文明、科技的脚步进化了数千年时间。如果追溯世界历史，仔细研究各个时代、各个地区的纷繁复杂的服装变化，必定能令人叹为观止。

如今，服装的种类越来越多，更新换代也越来越快，在大街上碰到“撞衫”的人已经成了一件稀罕事。人们会根据自己的身高、外貌、年龄来搭配服装，会根据季节和气温来选择服装，甚至会根据当天的心情来变换服装。

不同的国家、不同的民族有着各自独有的服装，这些服装是由他们所处的地域、环境、文化氛围所形成的，体现了一种与众不同的精神面貌。

不同的职业也有着不同的服装选择，经理的正装、警察的警服、医生的白大褂、高危行业的防护服，等等，这些服装既是职业身份的象征，也有着独特的工作实用性。

不同的场合也需要进行不同的服装搭配，工作时应当如何着装、聚会时应当如何着装、休闲娱乐时应当如何着装等，都有着相应的讲究，而且已经内化为了一种约定俗成的习惯和礼仪行为。

如果说世界的“衣橱”画出了一道文化、社会、时代的发展轨迹，那么个人的衣橱则是一个人的人生缩影。即便是一个多么不在乎穿着打扮的人，只要条件允许，也至少会有几套不同的服装，春夏秋冬、工作生活，都需要各式不同的服装。而一个人衣橱的内容，所包含的服装种类，反映着其当前的职业特性、社会地位、生活水平与习惯等方方面面。

如果一个人的衣橱中 80% 以上都是休闲类服装，那么这个人当前一定是以业余生活为主导，或者是职业对服装要求不高。相反，如果一个人的衣橱中存在着大量西装、正装、礼服等，那么就说明他一定是位高端的商务人士，需要频繁地出席会议、谈判、宴会等场合。

当然，一个人的衣橱也不会一成不变，年龄的增长、角色的转变、职务的升迁等，都会使个人的衣橱内容物不断地“推陈出新”。例如，一个人在求学阶段时，服装肯定是以青春休闲类为主；当他踏入社会，开始工作后，较为庄重正式的职业装、西装等会逐渐地多起来；当他升职加薪，或是需要面对越来越重要的客户时，其正装的种类、品位、格调等也会逐步发生变化；而随着年龄的进一步增长，当他退居幕后，享受退休生活时，又会穿起一些适合中老年人的、较为成熟稳重的休闲装等。

所以，衣橱的内容就是一个人当前生活、工作状态的集中体现，衣橱内容的演变过程也是一个人生活态度、职业规划、人生轨迹变化发展的直观展示。

2. 划分场景，对衣橱归类

一个对自己的生活、工作有着清晰认识和严谨态度的人，一定会定期对自己的衣橱进行整理，时刻检查和确保自己的服装能够应对工作和生活中的各个场景。

每一个身处社会的人，其所处的圈子都是多样化、复杂化的，即便是一直醉心于工作的人，也会有和朋友休闲放松的时刻，也会有和同事一起聚会交流的时刻，而针对这些不同的场景，所需要的服装种类也会大不相同。

例如，在要求穿着工装或正装的工作中，自然要严格按照规定进行着

装，这是对工作岗位、公司制度、公司的所有上级和同事的一种基本礼仪。即便公司对工作着装没有严格统一的规定，也不应该穿得过于休闲，或是打扮得过于“花枝招展”，而是要通过着装尽可能展示出沉稳、成熟的一面，展示出良好的工作状态。而当参加公司非正式的聚会，或是去同事家做客时，如果还是一身严谨的工作装，则会贻笑大方，或者让人觉得你是一个古板、没有眼色的人，反而有失礼数。

就拿我本人来说，作为一名礼仪培训讲师，需要频繁地开展各类讲座、培训课程，或是参加一些同行业的研讨会等，所以我如今的衣橱也被各类正装、西装套裙等占据了绝大部分空间。但这些并非我生活的全部，且不说自己的私人时间、陪伴家人的时间，参加朋友的生日会，培训课程完美闭幕后与同行们召开庆功会等，有太多的非正式场合在等着我，我也不可能仅仅靠着几套正装“以不变应万变”，这样人家会觉得“作为一位礼仪培训师，却对穿着不知讲究”。

3. 拓展衣橱，别为自己设限

白手起家的企业家贾先生在一次讲座中分享了这样一段创业经历。

当时他的公司刚刚起步，可谓举步维艰，客户既少又不稳定，公司的现金流也不充裕。在这种情况下，他没有将自己为数不多的一点积蓄直接投入公司业务中，而是为自己置办了一套价值不菲的“行头”——高级西装、皮带、皮鞋、手表等，然后频繁地出入一些高端人士经常聚集的咖啡厅、保龄球馆、高尔夫俱乐部等地方。

不过，贾先生这么做可不是为了不切实际地装潢自己、攀比炫耀，而是为了能在与这些成功人士的交往中寻找对公司发展壮大有帮助的“贵人”。贾先生“揠苗助长”式的事前投资最终取得了成效，在同几位相近领域的老板、经理人交往的过程中，他们从闲聊逐渐谈到了业务、谈到了行业发展，贾先生不仅从中发现了新的商机，也成功发掘了几位成为公司业务“中流砥柱”的大客户，他的公司也自此迈向了高速发展时期。

在此，我不想分析贾先生的“创业经”是否具备普遍的成功借鉴意义，也不是鼓励大家都去盲目地向贾先生学习，他的成功因素是多方面的，绝不是简单地“混”在成功人士中就自然而然成功的。不过，贾先生认识到着装对于不同层次、不同领域、不同场合的重要作用，这一点却是值得我们思索和学习的。

人们总是愿意同自己穿着品位相似、气质相符的人展开交流，因为人们会本能地认为这样的人和自己处于相近的环境中，有更多的共同话题。如果贾先生当初没有对自己的着装进行“雕琢”就出入高端的商务场合，恐怕就无法顺利地同一些成功人士打成一片。

不同级别、不同领域的人穿着的层次也大相径庭，这不是虚张声势，也不是铺张炫耀，而是一种基本的礼仪形象展示。老板也好，经理人也罢，在出席商务场合时，代表的不仅仅是自己，而是整个公司的形象，穿着打扮符合自己的身份，才能更好地向外界展示公司的实力。

此外，穿着对于我们自身来说也是一种心理暗示。当我们身着高级的正装时，我们会在心中将自己提升到相应的层次，会时刻注意自身的言行举止，时刻遵守相应场合的礼仪规范，对于提炼和展示我们的礼仪形象有着积极的促进作用。

所以，不要被自己当前的能力和境遇所局限，觉着自己还未达到某种层次，觉着自己低人一等。其实，你可以做得更好，从现在开始，从自己的衣橱中开始，你就能开始改变。

我认识的一位客户经理，最初，他只是他们公司的一位司机，平时负责接送领导和客户等事项。而他们公司对司机的着装也没有太多规定，只要不是太出格就行，所以，他的其他几位司机同事平时都穿得挺随便。不过他却不同，在平时，他就始终是浅色衬衫搭配黑色西裤，天气冷时就加上深色的外套。如果领导提前通知他第二天要接待重要客户，他还会主动

打领带，进行更正式的装扮。

后来有一次，一个客户突然造访，但所有客户经理都已外出处理业务，领导也在参与一个重要会议，抽不出人手。公司领导第一个就想到了他，于是委派他独自开车接客户到公司并先行招待，而他也出色地完成了这次接待任务，客户见到公司领导后直夸他们公司人员素质高，连司机都这么有讲究、有气质。领导很高兴，渐渐地将更多的客户接待任务交给了他，而他也一步步地成为公司的金牌经理，接待的客户也越来越重要。

为何我的这位客户经理学员遇上了一个良好的机遇，实现了自身职业生涯的腾飞？这和他平时注重自身的着装密不可分。他没有将自己局限在一个“小司机”的身份，而是认为自己经常和领导、客户接触，代表的是公司形象，理应讲究礼仪，穿得正式一些。虽然领导平时没有对他进行直接的鼓励和夸奖，但他的礼仪形象已经给领导留下了深刻的印象，所以，当需要接待客户的突发状况发生时，领导毫不犹豫地相信并选择了他。

每一个人都应该学会适当地“拔高”自己，不仅要升级自己的内在，也要升级自己的外在，从着装打扮上改善自身形象，给予自己动力与压力。认为自己的气质“撑不起”一些高级服装，这不是谦虚，而是自卑。

当然，掌握适度原则是很重要的，这不仅仅是考虑到自己当前的实际消费能力，如果过度包装也会让人觉得你是一个很浮夸、很虚伪的人，反而会引起他人的反感。就拿我上文提到的客户经理朋友来说，他在做司机时虽然注重自身穿着，但也没有买一些名牌的西服、皮鞋，更没有佩戴高档的手表等，他穿着正式且得体，并未进行刻意的夸耀。当他作为客户经理后，他才开始为自己购置一些名牌的服饰，但这也不是为彰显自己的地位，而是为了能与客户更加对等地沟通交流。

衣橱是人生的缩影，同时，衣橱的演化也会对我们的人生有着不同程度的引导，这种关系是双向的。定义我们当前的职业生涯场景，并由此整理和拓展我们的衣橱内容，实质上也是职业生涯规划的重要实现方式之一。在互联网时代，各位商务人士切勿让狭小的衣橱限制了自身的发展潜力。

1. 关注自己的衣橱就是在总结规划自己的人生。

2. 整理衣橱，在不同场合穿不同服装，才是不失礼仪的基本原则。

3. 预见并规划自己的生涯场景，通过服装改善自身形象、提高自身层次。

穿对衣服，已经成功一半

1. 内在很重要，但需要用外表来展示和传递

在过去的商界中，有一句流传甚广的话——“酒香不怕巷子深”。只要产品足够好，即便不去大张旗鼓地宣传，也能吸引广大的客户来关注。但在互联网时代中，这句话早已备受质疑，“皇帝的女儿也愁嫁”成了人们更认同的观点。在这个信息爆炸的时代，即便内容再好，如果无法成功地表现出来，那么也难逃被埋没的命运。

说到个人，其实也是一样的。尤其在我国，受到较为含蓄的东方文化圈和几千年的儒家思想影响，提倡隐忍，提倡专注内心修为而非关注外表修饰。一些文人雅士不在乎自身的穿着打扮，他们认为自身的文化修养靠举手投足间就能展现出来。而一些衣着正式、光鲜靓丽的人反而会让人认为是附庸风雅、内心空虚。

内在比外表更重要，这是一直以来的传统观念，但在互联网时代中，

这一观念的正确性却屡受冲击。如今人们的交际圈越来越广，接触的人越来越多，而建立联系的时间却越来越短，一个人的内在又岂能简单地在一次会面、在短短几分钟的交谈中完全展现呢？即便你具备内在美，但外表无法入他人“法眼”，别人不愿花时间与你交流，你的内在美最终又能被谁所察觉呢？

我们提倡的外表美，不是指容颜多么美丽，长相多么俊俏，外貌是天生的，我们可以修饰但难以从根本上加以改变。不过，我们完全可以通过合适的着装打扮来进行“华丽变身”。

西方学者雅伯特·马伯蓝比曾提出了“7/38/55”定律，他通过研究证明：在整体表现上，他人对你的观感，只有7%取决于你的谈话内容，即你的真才实学；而有38%取决于你的表达方式，即谈话时的口气、动作、表情等；而高达55%的比重取决于你的穿着打扮、你的专业形象。如果你的外表不够有“说服力”，那么你谈话内容的分量也会大打折扣。

在一个人的外在形象中，服装的选择与搭配更是占据了绝对的主导地位。莎士比亚说过，“服装往往可以表现人格”。这绝非一种夸大其词的说法，在我们的日常交往中，服装可以说覆盖了人体90%以上的面积，一般除了头部和手部，我们都被各类服装给严实地包裹住。两个人刚见面，还没来得及仔细端详对方的容貌，还没时间揣测对方的心理状态时，大面积的服装就已经给人们留下了难以磨灭的第一印象。所以，“人靠衣装马靠鞍”无疑是正确的，合理的服装搭配能够显著提高一个人的影响力。

阿里巴巴的创始人马云绝对算不上长相英俊的人物，甚至可以说，他最早为人所熟知是因为其略显奇怪的外表。不过，他在穿着上可丝毫不马虎，每每在正式场合与公众场合中亮相，其衣着打扮都十分得体，让人一眼看上去就像一位有气质、有魄力的企业家。马云自己也曾自嘲地说过，“我很丑，但我并不丑陋”。一方面，这是因为他具备良好的精神面貌；另一方面，就在于他能通过穿着将这种内在直观地展现与传递出来。

外表与内在究竟哪个更重要已不再是问题的关键，实质上，二者是相互配合、相互弥补，都是不可或缺的。有外表而无内在，只能愚人一时；有内在而无外表，也会让自己成为一块蒙尘玻璃，使他人“看不清”。表里如一，内外兼修，这才是互联网时代的聪明人。

2. 穿“对”衣服是形象礼仪的一环

当我们看到医生穿着整洁的白大褂时会感到很安心，而如果看到医生穿得随随便便则会惴惴不安。而当我们看到喜欢的音乐家穿着符合心中形象的华丽礼服演奏时，也会更加沉醉于他们的演奏中。

服装就是有这样一种魔力，它能使一个人完美地融入特定的情境中，并快速地传递自身的身份、职业、地位、文化、爱好、品位等众多信息，展示出最佳的形象礼仪。而要达到这种效果，就要选择适合的服装“正确”地去穿着。

那么，如何才能使自己穿“对”衣服呢？这需要我们从三个方面去学习和考量。

（1）要根据自身条件选择服装

每个人的长相不同、身材不同、地位不同、气质不同，在选择服装时也会有很大差异，一个人穿起来合适的服装换一个人可能就会显得“不像样”。

一般来说，正装的可选择性相对较少，黑色或藏青色的西服西裤，白色或浅条纹的衬衫，黑色或褐色的皮鞋，通常局限于这几种。女性的西装套裙和高跟鞋在颜色和样式上的选择会相对丰富一些，但也不宜过于花哨。

所以，正装的选择标准应以得体为主。我们可以根据自身的身材选择稍小一号的正装，这样能更好地修身，避免看起来臃肿、松松垮垮。但是也要适度，不能穿起来过于紧绷。

休闲便服的选择就相对较多了，相关的选择技巧也是五花八门。比如，身材消瘦的人可以穿着横条纹的服装让自己看起来更丰满，身材矮胖的人可以穿竖条纹的服装让自己看起来更挺拔；肤色较黑的人不宜穿颜色过于鲜艳的服装；气质沉稳的人可以选择设计和颜色简洁的服装来衬托自己；等等。

不要在服装上去攀比，而是要根据自己的收入水平和职业定位做出恰当的选择。如果一个小职员整天穿着比老板还气派的名牌，恐怕也不会赢得同事和老板的认可和喜好。

（2）要注重各类服装的穿着要求

对于所有服装最基本统一的穿着要求就是要保持服装整洁、穿戴整齐，满是污迹和褶皱的服装不可能表现出丝毫的形象礼仪。

而商务人士在工作或社交中穿着正装时，则要特别注意细节，许多礼仪形象正是通过这些不起眼的细节展现出来的。

男士正装上衣的衣长应刚好到达臀部下缘，袖长以双手自然下垂后到达手掌虎口处为准，肩宽则以探出肩角 2 厘米左右为宜。穿得过于松散会显得慵懒、没有活力，而过于紧绷又会显得不够正式庄重。

正装的裤子要保证裤线清晰笔直，裤子的长度及宽度以裤脚前盖住鞋面中央，裤脚后至鞋跟中央为宜。

正装下搭配的衬衫必须是长袖带领衬衫，以白色或淡蓝色为优先选择。有条纹的正装可搭配纯色衬衫，而纯色的正装则可以搭配有简单条纹的衬衫。衬衫的领口和袖口长度均要长于上衣 1 ~ 2 厘米，领口及袖口的扣子必须扣好。

皮鞋可根据正装颜色进行选择，搭配黑色、藏青色西装可选择黑色皮鞋，搭配咖啡色西装则可以选择棕色皮鞋。皮鞋的造型应当简单规整，拼色、压花、蛇皮皮鞋等都不适合搭配正装。袜子也要选择深色的，切忌白袜子配黑皮鞋。袜子应有足够的长度，保证坐下时不露出腿部。

女士正装的上衣讲究平整挺括，可适当用饰物及花边进行点缀，但不宜过多，纽扣应当全部系上。

套裙以窄裙为主，裙子的长度取决于穿着者的年龄。年轻女性的裙摆下沿可在膝盖上 3 ~6 厘米，但不可过短。中老年女性的裙摆下沿应在膝盖下 3 厘米左右。

女性衬衫以单色为最佳选择，衬衫下摆不要悬垂在外，衬衫纽扣除最上面一颗可以选择不扣上外，其余都应当扣好。

根据具体的着装规定，女性可选择高跟鞋或中跟鞋，但鞋跟均不宜过高，袜子则要选择长筒袜或连裤袜，鞋袜的颜色和款式要尽可能简单并与正装相配。

（3）要根据场合搭配相应的服装

根据场合着装又称为 TOP 着装原则，即根据时间（Time）、目的（Objective）、地点（Place）来进行符合规则的服装搭配，打造适合的形象。

当我们出席喜宴时，不能够穿得庄严肃穆；而当我们参加葬礼时，自然也不能穿得大红大紫。根据场合着装绝非毫无意义的讲究，而是一种对他人最基本的尊重。

在着装上有讲究，从普遍的角度来看是为了展示出良好形象，而从具体角度来看则有着一些实际的目的和作用。

例如，在严肃的职场中，工作、开会等时刻，无论领导还是员工都应该按公司规定穿着工装或正装。如果领导穿得随意，就无法服众，难以树立权威、领导下属。而如果员工穿得随意，轻则引来一顿批评，重则可能会被拉进领导心中的“黑名单”。

不过，职场中也并非只有严肃的场景，比如休息时领导找下属谈心，或是组织团队成员商谈聚会、旅游等事项时，就可以不必穿得那么正规严谨，而是要在表现基本职业感的同时体现出亲和力，营造出友好、开放的

氛围，否则，反而会让对方束手束脚，不敢大胆说出心里话。

当出席茶会或宴会时，需要穿着各式礼服，根据茶会与宴会规模、等级的不同，对礼服的选择也有不同。从正式程度从低到高可以分为午服、小礼服、大礼服三类。午服又称略礼服或下午服，通常是在白天拜访客户或参加小型茶会时穿着的服装。小礼服又称准礼服，比午服更正式而比大礼服简略。大礼服又称晚礼服、夜礼服，通常是参加大型晚宴时穿着的最高档次的礼服，也是最能展现特色与个性的礼服。

当我们不在工作和正式的社交场合中时，则可以穿着各类休闲服装。参加同辈朋友的聚会时可以穿得时尚一些，而一些有上级或长辈在场的聚会中还是应当尽可能穿一些看起来较为朴素、稳重的休闲服装。

3. 有内涵更要懂包装，“穿”出成功

西方有句俗语，“人们总是根据书的封面来判断书的内容”。我们也一定都有过类似的经历和感受，买书时，看到封面漂亮的，会二话不说地先浏览一下，而如果封面十分平淡无奇，我们可能根本不会去看，自然也不会知道内容是好是坏。

一个人就像一本书，他的内在就是书的内容，而他的外表就是书的封面。书的内容难以展现，或者是短时间难以展现，但书的封面却可以做到。有时，光有一个响亮的书名还不够，封面的设计、装裱、材质、布局，往往会引起人们更多的遐想与兴趣。所以，好内容的书要配上好封面，有内涵的人也要会包装自己。

一位朋友曾告诉我他的一位同事的故事。

这位女性同事工作特别努力认真，能力强、业务也很熟练，但美中不足的是，她的长相实在一般。但更关键的是，可能由于对长相缺乏自信，她反而更加不敢大胆地从服装上包装自己，让人感觉特别不修边幅。所以，她总是很郁闷，为何自己业绩很好，但每次升迁都轮不到自己？她周

围的同事心里都清楚，是她的装扮太吃亏了，但又有谁好意思亲口告诉她呢？每遇到重要客户，领导都不敢让她接洽，担心客户以貌取人，认为公司不专业、不正规，毕竟公司的形象输不起，怠慢不得。

这位在职场中遇到瓶颈的女士所面临的问题其实很简单，就是不懂得包装自己。一味地埋头苦干却不愿在穿着打扮上花一些心思，这不是坚持而是顽固。我们不可能要求每个人都不去“以貌取人”，这种想法才是真正的傲慢。既然我们可以通过简单的包装给他人留下良好的印象，又何必让别人花费更多的时间去琢磨我们自身呢？

我们在选择搭配服装时，其实就像在不断地完善自己的履历表，“写”上自己的性别、年龄、民族、宗教、职业、地位乃至精神面貌等。一个人是否成功，从他的穿着中就能有所了解。相反，一个不懂穿着、不会穿着的人，他的成功之路也会在不知不觉中受限。

本节要点

1. 外表和内在同样重要，同样需要去雕琢。
2. “正确”穿衣是一门学问，也是最直观的形象礼仪展示。
3. 人要学会为成功穿着，为胜利打扮。

画龙点睛，配饰也很重要

1. 配饰虽小，但不容忽视

配饰是着装的重要补充，不仅存在于生活场合，在工作和社交场合中，配饰的合理搭配运用也能够使个人的形象更加精致精彩。

配饰的种类繁多，有的是着装中不可或缺的一环，如领带、皮带等，如果没有这些，正装就是不完整的；有的具备一定的实用价值，如手表、手套、帽子、包等；有的则纯粹是起到辅助、美化的作用，如胸针、戒指、耳环等首饰。

运用好配饰能使我们在人群中更加醒目，使个人的形象更好地得以凸显。相反，如果不注重对配饰的检查，没能及时发现“异常”，可能就会让自己在公众场合丢丑，甚至影响自己的事业。

某旅行社想和澳大利亚的某公司合作，预计将产生每年几百万元的利润。可不幸的是，该旅行社老板与对方的女老板握手之际，皮带竟然断了，西裤顿时滑落了下来，现场立刻变得异常，这次会面最终不了了之。当双方约定第二次会面，这位旅行社老板想对上次的事件郑重地道歉，结果刚一鞠躬，皮带又断了！连续出现这样的事件，对方的女老板认为这是在故意羞辱她，于是愤而离去，双方的合作自然也就此泡汤。

这位旅行社老板的苦心经营却被这小小的腰带给屡屡破坏，如果他能在事前就更加注意这些细节，及时地确保腰带的“安全”状况，就不会有这些让人窘迫不堪的状况发生了。

配饰虽小，但作用不小。对于男士来说，手表、领带、皮包等不仅是身份地位的象征，也是品位修养的体现。对于女士来说，各类首饰不仅能将自己装扮得更加美丽、更加优雅，也能将对方的注意力迅速吸引到自己身上。

2. 最佳配饰是精致而非雍容的

李小姐到一家外企应聘总经理助理的职务，成功进入到最后一轮面试。为了确保面试万无一失，她进行了精心的打扮，前卫的衣服、时尚的手镯、造型精美的戒指、新潮的耳环……每一处都是人们注目的焦点。其他的应聘者们长相平平，学历也并不比自己高，所以李小姐信心满满，觉得胜券在握。可是到了面试那一天，她却被主考官当场否决："你确实很漂亮，履历也很出色，但我觉得你并不适合做助理这份工作。"

李小姐满怀希望而去，满载失望而归，根源就在于她过度地装饰了自己。适当地打扮，给面试官留下一个好印象，这种想法无可厚非，但如果装饰得太过，只会让对方认为自己爱慕虚荣、不够稳重。

对于绝大多数工作来说，为了展现干练、专业的职业形象，都不会提倡佩戴过多的配饰。即便是在讲究打扮的社交场合中，也要遵循适度原则，宜少不宜多，否则就会让人感觉张扬、凌乱、庸俗不堪。

真正好的配饰组合，不是彰显珠光宝气，不是炫耀财力，而是对整体形象进行提示、浓缩或扩展，以增强形象的层次感。有些人为了展现自己的成功与实力，就戴上大金戒、大金链，戴上镶金镶钻的手表，或是全身上下戴满各种首饰，把自己打扮得像是一个全副武装的士兵，这样实质上既无美感，也无内涵。

一般情况下，男士在选择配饰时应当竭力从简，只佩戴手表、领带、皮包等必备品。女士在搭配首饰时也要尽可能局限在两三种种类，只凸显自己想展现的身体部位。如果手部有伤痕，那么就不要佩戴手镯、手链，如果脖子上有赘肉，那么就不要佩戴项链等。对于同一种首饰，最好只佩戴单品，而不要佩戴多个，如果脖子上挂了两三串项链，或是手上戴满了戒指，只会看起来傻里傻气，引人发笑。

3. 点睛之笔要恰到好处，配饰应符合气质与场合

配饰是对整体着装打扮的重要补充，但正因为是细节所以才更要格外注重。配饰的选择、穿戴等在遵循基本规则的同时，也要符合自身气质、分清具体场合，才能展现出良好的个人礼仪修养。

领带是最常用、最重要的配饰之一，与正装往往是不可分割的。领带的图案与颜色可以多样化，但应以几何图案或纯色为宜。系领带时领结要

饱满，与衬衫的领口要紧合，领带系好后大箭头应能垂到腰带扣处。

腰带也是一种不可或缺的配饰，穿正装时必须系上。男士的腰带比较单一，通常选择牛皮材料，颜色以黑色为宜，样式和图案都要尽可能简单。女士的腰带更多的是用于装饰，在形式上也相对丰富，有皮革、编织物、纺织品等材料。女性在选择腰带时要根据服装进行选择，如搭配正装就应当选择皮革的、花样较少的腰带，而搭配便服时则可以更时尚一些。在公众场合，严禁松紧腰带或是调整腰带位置，如有必要应当起身到洗手间整理。

帽子与手套既是御寒之物，也是重要的装饰物。在进入室内后，男士应当摘掉帽子，挂在衣架上或拿在手中。女士受到的限制较少，在室内也可以不必脱帽，但如果主动招待或宴请他人则不应再戴帽子。在同他人握手时，无论冷暖，男士都应该摘去手套。女士在握手时可以不必摘下手套，但摘下则更能表现出对对方的尊重与礼貌。

手表是男士最重要的配饰之一，在社交场合佩戴手表，不仅是具备时间观念、作风严谨的表现，同时也是男士地位、身份、经济状况的重要体现。一般在正式场合佩戴的手表，在造型上要庄重、保守，圆形、椭圆形、正方形、长方形、菱形等标准几何形状的手表通常较为合适。颜色也要简单、高雅，以单色或双色为主，黑色手表最为理想。手表外部除数字、商标、品牌外，最好不要附带其他无意义的图案。在公众场合或与他人交谈中，不要频繁地看表，否则会被认为是心浮气躁、心不在焉。

包的选用一方面要同服装相搭配，另一方面则要根据场合加以选择。男士的包通常局限为公文包，面料为牛皮或羊皮制品，手提式的长方形公文包最为正统，外部不要有除商标外的文字、图案，颜色应当同皮鞋的颜色相一致。女士则有更多的选择，在上班时，可以选择大而结实的包，用以放置文件、工具等，而在出席宴会时，则可以只拿一个小巧的手包，只放少量的金钱、化妆品、钥匙等物品，颜色则应与礼服相称。

领针可以在穿着正装时佩戴，无论男女都应佩戴在上衣的左侧领上。胸针可根据发型来改变位置，发型偏左胸针就靠右佩戴，发型偏右胸针就靠左佩戴，具体高度为上衣自上而下的第一、第二粒纽扣之间。值得注意的是，领针和胸针通常仅择一佩戴，如果已佩戴有来宾身份牌、企业徽章等，那么不必再佩戴领针和胸针。

同服装一样，首饰的选择也应当注重季节性，与服装相配合。春季和夏季可以佩戴轻巧精致的，秋季和冬季则可以佩戴庄重典雅的。对于戒指的选择，无论男女，除婚戒外最后仅佩戴一枚装饰性的戒指，戒指应注重设计和做工，而不要过于关注大小、重量和价格。对于手镯、项链、头饰选择标准也应一样，所有的首饰都要尽可能色泽统一、样式统一，这样更有整体感，而不会让人感到是在随意堆砌。正式的工作社交场合中，应当减少首饰数量，而在聚会、宴会中，则可适当增加数量。在非正式的聚会中，还可以佩戴一些民族性的工艺品，能更好地彰显个性。

对于配饰，可以根据应对的场景不同多制订几套设计方案，没有适合的配饰时可以选择不戴，最忌讳一套配饰从春戴到冬，从工作戴到宴会，让人感觉牵强附会。

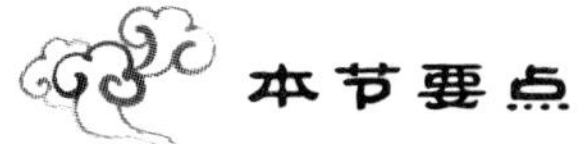

1. 配饰是提炼整体形象的重要一笔。
2. 配饰的选择搭配是一次精致的设计，而不是杂乱的堆砌。
3. 根据个人的气质及所处的不同场合选择配饰，才能让自己更有神。

先声夺人，声音形象塑造

有人说，声音是人的第二张脸。这句看似夸张的话，却道出了声音的重要性。

我不是声控患者，但是作为培训讲师，我对自己的声音要求却很高。每当我站在台前，我都告诉自己，从我身上发出的每一个信息，都代表了我自己，我的动作、表情、声音，都是我个人修养和素质的表现。所以，每一次同他人对话，我都尽量让我的声音体现出自己的身份、修养和学识。每一次说话我都尽量让自己表达清楚，带给他人的是享受。

直到有一天，有人对我说："你知道吗？你的声音很有治愈效果！"或者说："你的声音真让人舒服！"我听后非常开心，可以说，这是对我最大的褒奖。因为我在向他们传达思想和认识的同时，同样用自己的声音给他们带来精神层面的享受。

有一句话说："声音是看得见的色彩，色彩是看得见的声音。"声音不仅是用来听的，同样是有画面的，是用来看的。

声音对一个人而言很重要。同样是与人说话，音量适中，音色悦耳，带给他人的是享受；而刺耳聒噪的声音，只会令他人生厌。

从礼仪角度来说，带给他人舒适之感，是对他人的尊重；让他人感到不舒服，便是失礼。

外国人常常抨击我们中国人，说我们在公众场所说话不注意，声音太大，很难听，并以此为标准，评价中国人不懂礼。

这个评价并不偏颇，因为声音可以体现一个人的修养和素质。通常情况下，一个有涵养、有素质的人，他的声音即使天生音色不好，也会在音量、语速等方面加以控制，体现自己的修养。他更加不会在公众场所让自己的声音带给他人麻烦。

我经常听人说：“她天生声音就小。”“他天生声音就不好听。”人有与生俱来的品质，但是也要注意后天培养的重要性。一个人的容貌尚且在成年之后得到改变，更何况一个人的声音呢？

我想说的是，我们要培养自己的声音，因为我们的声音同我们的脸面一样，是有形象的。在现代这个强调“颜值”的时代，从个人角度来说，我们要塑造好的声音，用好声音打动人心，为自己的形象加分。

好声音是可以培养和塑造出来的。

为了让自己的演讲更受欢迎，我曾经针对身边的人做过相关方面的调查。我发现大家不能接受的声音有下面几种：声音忽大忽小，带有鼻音，发音不标准，刺耳尖细，过于低沉，怪腔怪调，嘶哑，声音中带有咳嗽声……

在这些列举的声音中，我发现，大家对好声音的普遍标准是：音量适中，发音准确，感情充沛，持续而饱满。

什么样的声音才是好声音？

在我看来，好声音的标准应是激情、饱满、亲切、自信的，这样的声音更能吸引他人。

对于好声音的训练，需要从三个方面进行：一是练气；二是练声；三是练情。从气、声、情三个方面塑造有魅力的声音。

1. 练气

俗话说“练声先练气”。气息对声音来说很重要，它是发声的基础和关键。一般情况下，气息不足的人，声音多没有力度，穿透力不强。这样的声音谈不上所谓的感染力，更不能吸引人。所以，练习声音，我们要从练习气息开始，要学会用气。

关于气息的练习，我们要有意识地练习吸气和呼气。

吸气和呼气有基本的方法要求。

在吸气时，小腹要收缩，整个胸腔要打开，这个时候才可以把更多的气吸进来。我在练习吸气的时候，通常情况下，会想象成闻一阵花香或者吸入一口清新的空气，有此想象，我会在吸气时更加自然。

呼气时，不可急切，放轻松，口微合，让气息慢而长地从微合的口中吐出。一般情况下，我们在呼气的时候会下意识地提肩，这个动作会影响到我们的呼吸，对我们的气息的练习造成一定的影响。所以，我们一定要避免这个动作，双肩要自然放平，这样才能把声音打开。

练习吸气和呼气，可以让我们的气息充足，发出的声音也足够有力饱满。不过，练气是天长日久之功，一定要坚持下去，这样才有效。

2. 练声

练气之后，便是练声。

我们要保证自己发出的声音是字正腔圆、正确规范的。

所谓字正腔圆，是从发声和语音方面来说的。这就要求我们的发音要准确，吐字归音要恰当完美，这是好声音最基本的要求。一个不能正确发音、吐字不清的人，很难让他人清楚地理解自己的表达，让听的人费解，更让自己心急。

因此，我们在说话时，气息要下沉，这样发出的声音才足够沉稳，才能保证声音的流畅度；喉头要处在放松的状态，这样的声音才足够自然；在吐字归音发面，字头要咬住，字颈要标准，字腹要饱满，字尾要到位完整。

要做到正确的发声，我们首先需要进行三个方面的训练。

（1）口腔部位的训练

口腔训练的方法很简单，具体可以从下面几个方面进行：

①开合训练

我们可以试着张开嘴打呵欠。在开合的过程中，唇部要放松，舌头要自然平放。

②双唇训练

双唇闭合，前后左右上下地转圈运动。

③舌头训练

在我们的口腔中，舌头是最为灵活的一个部位。它同我们的其余口腔部位一起活动，从而形成气流的阻碍，发出不同的音素。

所以，舌头部位的训练很重要。我们要有意识地训练，舌尖同上齿龈和上齿背的接触，这样自然地发出 t、n、l、s 等音；舌根同软腭的接触，以发出 k、h、x 等音。

（2）共鸣训练

我们在发声的时候，发音器官会产生共鸣。而正确、科学地调节发音的共鸣器官，可以有效地改善我们的声音，使我们的声音更加圆润、优美。因此，塑造好的声音，我们要科学地进行发音器官的共鸣训练。

人的共鸣腔有四个，分别为头腔、口腔、鼻腔和胸腔。口腔是最为主要的共鸣腔，胸腔是基础，鼻腔和头腔有助于我们发高音，让高音更加完美。

①口腔共鸣训练

在口腔共鸣发声的时候，我们要把鼻、咽关闭。

口腔共鸣时，唇齿相合，贴近我们的上下齿，可以进行单元音的练习；在发声的时候，微微上抬嘴角，这样发出的音色才比较积极、明亮。

②鼻腔共鸣训练

我们的鼻腔共鸣是通过软腭来实现的，它是声波在我们鼻骨上面的震动。适当地利用鼻腔共鸣能够美化我们的音色，让我们的声音充满磁性，更有魅力。

鼻腔共鸣训练可以先从 m、n 这两个音开始，体会鼻腔共鸣。然后再进行词语和语段的练习。

有的时候，鼻腔共鸣过多会产生鼻音现象。而鼻音过浓容易使我们发音含糊，像是感冒的反应。为了避免鼻腔共鸣过度，我们在发音时要减少音节的鼻音化现象。在练习时少发带 m、n 和鼻尾音的音节。

③头腔共鸣

头腔共鸣会给我们的声音带来一定的气势，渲染我们的感情。一般情况下，我们在发高音的时候，为了使声音高亢、明快、有力，可以使用头腔共鸣。训练头腔共鸣时，我们可以多发 i、a 的音节。

④胸腔共鸣

胸腔有助于我们发出的声音浑厚、宽广。为此，我们要多进行“a”元音直上、直下、滑动的训练。

（3）声带训练

我们说话时音响、音高和音色同声带有很大的关系。声带是我们声音的发源地，它决定了声音的高低、大小和强弱。我们可以经过后天的训练，改善自身的声带条件。

声带训练很简单，省力易行的方法就是“吊嗓子”。我们可以选择在空气清新的早晨，使身体处于放松的状态，深深吸一口气，张开或者合住嘴，然后让自己由最低音向最高音发出“啊”或者“咿”的连续声响。

为了让自己的声带发出的声音更好听，我们要保护自己的声带，避免声嘶力竭地吼叫，因为这样会给声带带来负担，让声音变得沙哑难听。在人多的地方，发音不要过急也不可过大，要轻松自然，注意说话的音量和节奏。同时，在饮食方面也要注意，过度的饮酒，喝过烫或者过冷的水，吃过多的辛辣食物，也会损害声带。

在发音方面，好的声音语音规范，速度适中。同时，要注意语音，语气，声音的大小、高低，语速的快慢和缓急。

①语音规范

做到语音规范，我们要保证自己所发出的每一个音都是正确而规范的。这需要进行专门的语音训练，在音节、音调等方面进行练习，保证我们发出的每一个音节都是正确的。

同时，我们说话时的每一个音节都要保证其协调度，这样声音才有响度和节奏感，才有美感可言。

②语气恰当

说话会表现我们的态度，更容易显露我们的礼仪。优美的声音能够很好地把握说话时的语气。语气最容易显露我们的个性、态度和情感，恰当的语气更能增强我们声音的魅力。因此，在说话时，我们要尽量保持平和的语气，不冷淡，也不过喜过悲，要同说话的内容、自我的情感和对方的态度相协调。

③声音大小、高低适中

我们说话时，要保证自己的声音大小、高低适中。不可过小，让他人听不到，也不可过大，给其他人造成困扰。

④语速快慢、缓急适度

语速方面，我们要注意停顿，把握快慢和缓急。让对方听得清自己的表达，给对方思考的空间，这是尊重他人的表现。

3. 练情

除了字正腔圆、规范准确之外，我们的声音还要有情感。有情感的声音是有色彩的，它不是冷冰冰的机械表达，它更能吸引人，让听的人内心舒畅。

一般地，感情充沛的声音多跌宕起伏、停顿有度。在合适的地方合适地表达情感，除了需要我们在声音的大小、强弱和停顿上面注意之外，更需要使自己的声音表达自己内心的真实体验，不体现内心的声音多生硬、

做作。

在这里，我们需要提高自己内心的感受力，让自己内心情感丰富，并通过声音传递情感。

我们在用声音表达感情的时候，要适度。有些人在同他人交谈的时候大笑，虽然传递的是开心，也乐于把快乐分享给他人。但是，失控的大笑很不优雅，很是失礼。大笑如此，愤怒和悲伤同样如此。我们在用声音表达自我感情的时候，要注意声音传递的感情是积极、乐观的。

在这里，我们需要调整自己的心态，使自己心态平和，不被消极、悲伤的情绪所控制，更不能把这种情绪传递给他人。

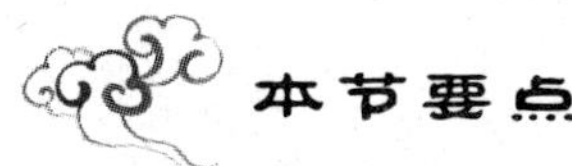

本节要点

1. 声音是我们的第二张脸，同我们的外貌一样，我们要对自己的声音负责。

2. 好的声音并非全靠天生，它需要后天用心的塑造和培养。

3. 训练声音，要从气、声、情三个方面把握。

肢体语言，无声更胜有声

1. 肢体无言，修养的一面镜子

日常生活和工作中，我们多会通过有声的语言和他人进行沟通和交流，以此来传达彼此之间的思想和感情。然而，有声语言不是我们传达信息、表达感情、传递情绪的唯一方式，在人类漫长的演变和社会不断推进发展中，也有一种无声的语言进行着隐形的信息表达和情感传递，那就是我们的肢体语言。

所谓肢体语言，指的是人们面容上的表情目光、肢体动作、身体姿势等所呈现的信息，在人们的表情目光、坐立起行、举足投足中显现。与有声语言直接明了地传达信息不同，它是悄无声息的，多通过视觉散发信息，给他人以相应的视觉印象，巧妙地传达着视觉内容。可以说，肢体语言是借用我们的身体在说话，而传达的往往又是语言所难以描述的微妙而又曲折的信息内容，无声而又胜有声。

日常生活中，我们往往能够从他人的一个目光、一个手势、一个不经意的动作，发现他人当时可能的情绪状态和心理活动。同时，我们的表情目光、一举一动，在无意识中也透露出自身的内在思想，投射出丰富的精神世界。

有一项关于沟通的研究表明，在沟通过程中，肢体语言占55%，语调占38%，内容占7%。从这样的研究中我们能看出沟通中肢体语言的重要性。在商务沟通场合，有些商务人士非常善于沟通。这种善于沟通的特质不但来自其受欢迎的性格、良好的沟通语言水平，更多时候是来自其良好的肢体语言沟通能力。

肢体语言是一面镜子，映照着个人形象和修养。对于商务人士来说，个人的精神和气质常常是自己在无意识的肢体语言中表现和散发出来的，落入观者的眼底后，又被观者无意识地接收，在大脑中就得到即刻的处理，进而生成评价。常见很多商务男士只是默然而立，就给人以沉稳精干的感觉，形成这个人所特有的气质氛围；在与他人交往时，有些人在举手投足间显现出别样的神采和风度，便在不自觉中吸引了众人的目光，成为中心和焦点。

在商务场合行走，我会经常观察周围的人在交际沟通中所呈现出来的表情、目光，举手投足的姿态。其间有不少人常常能吸引到我的目光，即使我未曾同他们有过对话，我依然可以从他们无声胜有声的语言中看出他

们的个人修养。

2. 肢体，这么做更有魅力

无论是在生活或是在职场中，商务人士的言行举止中所具有的良好的风度和魅力往往都是进入他人目光、走向他人心灵的重要通行牌。因而，商务人士应该注重从肢体语言这面镜子中体察自己，做到在表情目光、坐立起行、举手投足上都能显现出良好的风度和气质。

（1）表情目光有精神

人的表情很大程度上来自人的目光，而通过眼神向他人传达的信息往往非常丰富。和他人交往时，一个人的目光所反映的内容比较含蓄，同时也很真实。而在商务交往中，眼神可以说是沟通对话的重要一项，关系到沟通关系是否融洽，也关系到良好的交际形象的树立。

眼睛作为人们的心灵之窗，目光反映出人们的内心世界。我与他人沟通，特别喜欢看他人的眼睛。当然，这看不是直勾勾地盯着看，而是同与我们沟通对话者进行无声的眼神交流。目光是关于个人自身定位，目光中可以看出对他人的定位，你注视他人，表达了你对他人感兴趣，而回避眼神交流时，别人可能就会在语言上选择停止交流。

作为商务人士，我们在与他人进行目光对话时，目光应是自信坦诚、沉稳大方、友善亲切的。一个目光柔和的人会让他人产生安全感，愿意接近。而目光冷淡，则会拒人于千里之外，他人也就自然自觉远离。

在这目光中要带点自信，带点柔和，给他人以良好的感觉。在注视着对方时，要让对方感受到你的诚恳和尊重。反之，在交谈中左顾右盼，则会让别人感觉到自己被忽视。当然直勾勾地盯着他人，这只会让他人产生紧张感和压力。适宜的是把握好目光接触的时间和注视的位置，适当根据谈话内容的改变转移目光。

有些人在看到他人时，喜欢上下打量。上下打量是一种审视的目光，会让别人感觉到自己被审查和刁难，进而心生不悦。目光生硬呆滞，或者显现出疲倦和不耐，落在他人眼中，个人的沟通形象就会是差评。交谈中斜眼看人甚至挤眉弄眼，用目光非议他人更是伤害自身形象。

人们把微笑比作全世界通用的货币，为全世界人类所接受。正因为微笑容易理解，而且不会因为文化和认知差异而产生理解错误，同时，微笑传达的感觉也是相似的，温暖和亲近。每一位商务人士都应该将微笑作为通行牌，注重笑容的魅力。

当然，笑容分很多种，诸如微笑、大笑、冷笑等，不同的笑表达了不同的感情，也给他人以不同的感觉。通过笑容可以表现对他人的尊重和理解，可以传达自身的友善和热情，无一例外的是，发自内心的善意的微笑，映入观者眼里才能产生共鸣，进而拉近彼此距离，促进良好的友谊的形成。

（2）坐立起行有规范

业务人员刘某在和一位年长的客户进行会面后，兴致勃勃地告诉上司，这份订单稳稳当当能够拿到。不想第二天，上司告诉他，客户来电告知，希望换一个人和他沟通，让刘某备受打击且不甘心。换的一位业务人员是比较年长又经验丰富的张某，张某在和客户进行后续沟通后，顺利拿到了订单。交谈中，张某询问了客户对刘某不满意的原因，客户给出的答案是，刘某虽然业务能力不错，但站没站相，坐没坐相，感觉太不稳重，业务交给他自己不放心。

类似刘某这样的案例在职场中并不少见，无意识中坐立起行的姿态落入他人眼中，无形中便降低了自己的形象。

端正自己的坐立起行不是小事。坐立起行的姿势有时比语言更能说明问题。

良好的坐姿能够显示自身所具有的文明和教养。在工作中，坐在那里的姿态是上身端正，精神明朗，而不是摇头晃脑、东倒西歪或萎靡不振。

常见很多人坐在那里安分不下来，或是喜欢做小动作，或是喜欢跷二郎腿，抖腿弹脚，或是把腿长伸出去，不但姿态不雅，也给自己带来坏的印象。

现代社会，对于商务人士来说，在坐立起行中是否能够保持良好的仪态，关乎商务人士自身在他人眼中的印象、心中的感觉和评价。在商务交往中，坐立起行不但直指个人形象，更进一步来说，商务人士的形象关乎自己所代表的企业形象，因而需要商务人士格外注重。

我们的坐立起行端正规范，仪态庄重，这会让人尊重你。反之，诸如懒散地躺在椅子里，或是靠在桌子上，站姿歪歪斜斜，走姿摇头晃脑，就会让人觉得你无精打采，态度懒散，缺乏精神和活力，难以依靠，如此，谁又会愿意和你做深入的交流呢?

除此之外，我们还应该以积极正面的站姿形象示人，做到昂首挺胸，身形优美，充满自信。女士站在那里，要庄重大方，典雅自然，让观者能够有美的感觉和好的印象。男士站在那里，身形挺拔，精神饱满，就会给人以稳重的印象。在商务场合需要站立时，应该保持态度落落大方，神情稳重，起立致意，腰不弯，背不驼，身不扭。

一个人的坐姿是静态的礼仪和修养，而站姿则是动态的礼仪和形态。在走路时，我们的行走状态反映了个人的精神状态。

因此，商务人士在行走时要步伐从容，舒张矫健，这样才能给人以精力充沛、振奋昂扬的印象，并显现出自身良好的精神活力，同时也能振奋他人精神。有些人行走中喜欢摇头晃脑或是东张西望，这多少会给他人以不够专注也不够稳重的印象，同样，在工作场合中与他人勾肩搭背行走，也会显得太过随意。

当然，规范的坐立起行不是一日养成的，而是要在平时加以注意，培养自身规范而正确的坐立起行姿势，以此形成良好的习惯。

（3）举手投足有风度

举足投足的体态语言所显现出的风度，是展示在外界的个人良好的风格特质，也是能够令他人深深折服的魅力。一位具有良好风度的商务人士，不但能够给他周边的人以良好的感觉，同时也能够用个性感染他人。

商务人士的举手投足上的风度往往表现在个人对事、对人时肢体动作中所呈现的态度和精神。无论是在生活还是工作上，商务人士的一举一动所表现出的肢体语言庄重有礼，都应该保持优雅稳重，给人以大方从容的感觉。平时要保持情绪平和，待人接物彬彬有礼，握手行礼亲切自然；在和他人交往时，既不摆架子、指手画脚、盛气凌人，又不唯唯诺诺、畏首畏尾、诚惶诚恐，无论处于什么样的场合，都能够保持不卑不亢、优雅潇洒、落落大方、自信威严、宽容理解；无论遇到什么样的事情，都能够稳重从容、冷静沉着、理性深沉、临危不乱。

良好的外在风度来自美好的内在修养，举止投足的风度不是强制的规范，而是内在品质的流露和散发，这种内在气质是在长期的修炼中形成的。作为商务人士，我们应该注意对自身的内在进行修饰和提升，不断学习和充实自己，从理想、情操、思想学识和素质上完善自己，培养自己良好的道德涵养和心理素养，强化自身良好的内在品质之美。

正如卞之琳所说，“你站在桥上看风景，看风景的人在楼上看你”。商务交往也是如此，你在观察他人的肢体语言，他人也在评价你的肢体形象。无论是在生活还是职场中，商务人士都应该提升自身的肢体语言表达能力，以富有精神气质和风度魅力的无声语言，树立自身良好的外在形象。

本节要点

1. 肢体语言是一面镜子，映照出个人形象。

2. 商务人士应该做到面部表情有精神，坐立起行有规范，举止投足有风度，进而以无声的肢体语言树立起自身良好的外在形象。

沟通对话，无形品牌形象

1. 沟通是一门艺术

良好的沟通是一种艺术，语言则是其色彩，语言所描绘的画面可以让观者赏心悦目，停住脚步侧耳欣赏，也能让他人闭上耳朵，选择远离。而美妙的沟通对话中，良好的交往关系能够得到培养、建立、维持，个人无形的风格魅力得以形成、个人形象得以塑造。

社交场合中，优秀的沟通者往往都有着极为明显的个人风格。有些人在和他人交往中，态度诚恳亲切，举止自信大方，对不同的人都保持平等亲切和理解的态度，保持个人良好的对人对事的态度和风格魅力，往往能为他人所青睐和赞赏。有些人在表达自己的观点上，逻辑非常清晰，语言准确流畅，精准地表达自己的观点和立场，又注意让自己的谈话内容容易为他人所理解，遇到艰深内容则深入浅出、条理清晰以帮助别人抓住重点，这种类型的人往往被他人赞为善表达、易理解。而在恰当的谈话中，能够不时地机智幽默一把，不但能够炒热谈话的氛围，调动大家的聊天热情，无形中也成就了个人良好的风评和口碑。

有魅力的沟通者往往都有一个共同点，那就是在谈话中尊重他人，善于倾听。

愚者善说，智者善听。善言者不好言，倾听他人的语言而后再言。善于倾听他人的观点，尊重他人观点的差异性。如果你乐于倾听、耐心倾听，沟通对象感觉到自己确实注意和认真对待，自己的想法也切实得到了传达，对方就会乐于说下去，谈话有了轻松愉快的氛围，彼此都从谈话中获得舒适的感觉，距离也就慢慢拉近，更进一步地，往往在交谈中发现知己，建立友谊。可以说，尊重他人，善于倾听，理解他人观点，而后准确传达出自己的思想，表现自身的礼貌和诚意，让彼此的想法在沟通中得到传达和互动，交流在更轻松愉快的氛围中得以进行。

善言者，善于约束自己，不会自说自话。沟通是双向的对话，是沟通双方彼此之间互动交流的过程。谈话只是按照自己的思路走，只了解自己，不了解他人，别人就不愿意与你沟通下去，相互之间的深入对话更无从说起。诸如社交场合中，有些人为在他人眼中树立良好的形象，急于表现自己、彰显自己的个性，在沟通中，一味向他人灌输自己的思想，让他人接受自己的说话内容，不考虑对方立场，无视他人的想法和感觉，结果是，别人非但没能接受自己，反而远离自己。与他人沟通就是如此，你来我往，不能一人唱两个人的戏，让对方没戏唱。沟通不能给予他人表达的空间，在以后的沟通中，谁又会愿意与你同登沟通之台呢?

2. 见什么人说什么话

善言者，善于倾听，也善于言辞。生活中常常可见，善于说话的人，人们往往也乐于倾听和接受。他们往往能够识别差异性的沟通对象，见什么人说什么话，同时分场合情景，做到有礼有节，言语得体，言语有度。

有些人做事讲究效率，属于有事你说话，没事别理我的类型，你拉着他高谈阔论，胡侃乱侃一番，难免对方要皱眉头了。有些人处事小心谨慎，有事不直说，不争论也不辩论，你希望他就某个问题给出明确结论，对方就会很伤脑筋。有些人性格外向热情，行动积极活跃，沟通中，不给予对方发表意见的空间，他就会跟你急。在这样的情境中，如果一视同仁，以同一方式进行沟通，不但会导致沟通不畅，对话更无从说起，难免会造成交际场合中的挫折和失利。

社交场合中，交往对象不同，性格、年龄、经历上也不同，人们的脾气秉性、心理特点等决定了他们对沟通上有着不同的要求。交际中，我们

提倡要识别交往对象的差异性，说话时要因人而异，选择适合对方特点的交谈方式，进行让彼此舒适的沟通交流，以便拉近彼此间的距离，建立良好的沟通关系。

清代李宝嘉在《官场现形记》中言，见人说人话，见鬼说鬼话，见了官场说官场上的话，见了生意人说生意场中的话，虽是讽刺阿谀奉承之人极为擅长迎合之道，换一个角度进行思考，却也点明了与他人进行有效沟通的真意，即要以交往对象为主，尽量做到换位思考，站在对方的角度考虑问题，使用对方听得懂的语言，以对方喜欢的方式，与他人保持节奏一致的步调，让沟通轻松愉快地进行下去。

有一位非常善于沟通的记者，他在与人沟通交谈中的独特个人风格魅力就是，与不同的人说话，他会采取不同的说话和沟通方式。例如，面对一些有社会地位和专业资历的对象，他会改变自己的声音、语调配合对方的声音、语调，同时在交谈内容上，会选择与对方生活、工作、专业等相关的对方感兴趣的交谈内容。而与知识阅历较浅的人相处时，他就会保持一种平民化的说话方式，无论是声音、语调和交谈内容，都贴合交谈对象的心理需求和特点。通过贴近对方的沟通习惯，采用对方喜欢的说话方式，不但和对方进行了轻松愉快的讨论，同时也获得对方的好感，良好的关系得以建立。

比如，交往中与男士谈话不要拐弯抹角，最好明确传达自身想法。对于女士来说，以对方为主，委婉曲折则比较适当。与年长者说话要谦虚尊重。与年幼者说话要保持稳重深沉，亲切随和。与性格直爽的人进行交谈，言语中你就不能藏着掖着。交谈对象的地位如果比自己高，在交谈中只是应承，丧失了自己的个性，也不能得到对方的认同和赞赏。反之，与地位低于自己的人说话时，要庄重有礼。言谈中如果对对方的态度过于随便，或者以优越者自居，让对方产生没有被认真对待的感觉或者自己被看轻的感觉，良好的关系就无从说起。诸如其他多方面的差异，良好的沟通奥妙就在于看对方的兴趣爱好，看对方的心理需求，以对方为主，为对方创造表现的空间。

3. 引雀用米，钓鱼用饵

常见社交场合中，很多人因为对于沟通对象没有认识，找不到合适的交谈内容而相对默然。有些人为了调动起沟通对象进行热烈交谈的意向，会筛选各式话题进行侃侃而谈，然而对方却显现出兴趣缺失，言谈生硬，彼此尴尬。也有些人在不自觉中，不分对象对某些话题进行大发言论，却不慎踏入了对方的话题雷区，惹得对方脸色大变挥袖而去。对于商务人士来说，诸如此类可以说是非常不幸且不愉快的情形了。

与他人交谈，找对话题很重要，正如引雀用稻米，钓鱼用鱼饵，我们提倡要根据交往对象的不同，识别对方感兴趣的话题区域，选择与沟通对象的关注点相契合的话题内容，找到共同语言，取得理想的沟通效果。

在交谈内容上，不同的交往对象可能有着不同的兴趣和关注焦点，对各种事物有着差异性的看法和评价，然而这并不妨碍人们对某些话题具有共同的兴趣和热情。常见交际场合中，一个好的话题往往为大家带来了融洽而和谐的交谈氛围。在话题选择上，比如，有些人注重时尚，你可以选择文艺、体育、旅游等一些时尚话题，对方如果关心时政，则可选择诸如国内外新闻、政治、经济、社会问题等，对方注重品位，就可以选择一些高雅文艺的话题，如文学、艺术、建筑、历史等。当然，选择话题时要在自己了解和擅长的范围内，不要一知半解，班门弄斧。

当然，一个话题能让人笑，一个话题也能让人跳，话题选择不当，沟通就会很尴尬。因而交际中要避免一些话题禁区，识别一些不适宜谈论的话题。诸如涉及个人隐私类，如对方的家庭婚姻、职业状况、收入、信仰、年龄等，看彼此关系，能不谈则不谈。谈话中非议他人、传播是非、中伤他人之类，失礼且引人反感。而一些不愉快的内容，低级、无聊、庸

俗类降低自身品位的话题最好不要谈论。

4. 在什么山上唱什么歌

同样一句话，也许在这样的场合没有问题，但是换了不同的场合，效果可能就大相径庭。在沟通中，人们最容易犯的一个错误就是说话不分场合。常见很多人在悲伤的场合说笑言，在欢喜的场合唱悲歌，言语不得体，言语无分寸，不考虑场合气氛，也没有顾及他人情绪，对于他人失礼，对于自己则有失身份。

商务人士在与他人进行交际时，要时时接受场合的约束。非正式的场合保持言语轻松自然，随意亲切，便于与他人拉近距离。正式场合则要严肃认真，事前做好准备。诸如商务公务场合，就要做到言行严谨稳重。在什么山上唱什么歌，在什么样的场合就要有什么场合适合的语言。

说话还要看情境，看气氛。多说，少说，适时说，恰当地说，时时考虑他人立场和想法，注意他人的情绪状态，该不该说话，说话的长短。比如，在一些需要你发表意见、阐述观点的场合，你就不能言语简单，敷衍了事。而交往对象要办急事，时间有限，此时，你说话要条理清晰，简明扼要，准确表达自己的意思，而不是拉着他东拉西扯，漫谈胡侃。他人在诙谐的氛围下饶有兴味地聊天，你态度严肃神色冷清，言语上大泼冷水，就属于不分场合且没眼色了。而在他人情绪失控的情境下，则要冷静，恢复理智，选择不说，避免进行争辩、刺激对方情绪。

会不会说话反映了一个人的沟通水平，说什么话反映了一个人的修养和品位。沟通对象不同，沟通场合不同，沟通的话题也就不同，每一位商务人士应该成为一位良好的沟通者和善言者，在与他人沟通互动中，从他人角度思考问题，选择适合的沟通方式，找准步调，跟上节奏，使语言成为良好的沟通手段，与他人建立良好的沟通关系，形成自己良好的个人品牌形象。

本节要点

1. 良好的沟通对话始于尊重他人，善于倾听。

2. 更进一步则要做到，识别沟通对象的差异性，见什么人说什么话。

3. 找对话题，做到引雀用稻米，钓鱼用鱼饵；最后，还要分清场合和氛围，做到在什么山上唱什么歌。

第四章
互联网时代的生活礼仪

礼仪总是体现在细节处。互联网时代，人们的交往范围得到了无限的放大，社交活动也变得更加自由。很多人选择在生活场合办公，如咖啡馆、餐厅等。这就对我们提出了新的要求，无论何时何地，都要注重生活礼仪，在礼仪的细小处体现个人修养，用个人修养征服他人。

回归真实生活，交往、拜访礼仪

1. 社交离线，请回归真实生活

这是一个网络社交的时代。中国的互联网用户是一个庞大的基数，而庞大的社交网络让现代人沉迷，成为他们最主要的交友沟通工具。在有网络、有足够食物的情况下，有些年轻人真的可以过上足不出户、离群索居的生活。然而，在人与人之间沟通看似无缝对接的时代，实际上却是沟壑纵横。

在网络社交散发强大的社交功能的时候，越来越多的人患上了“在线社交疏离症”。所谓的“在线社交疏离症”，就是由于过度地依赖手机、平板电脑，而与现实生活脱节，自我封闭，不愿参加真实的社交活动，同现实生活中的沟通有障碍。在社交网络上流连的他们，QQ、微信、微博，好友看似成千上万，实际上却是寥寥无几，最后不能真正地亲近陌生人，也日益疏离了亲朋好友。这便是网络社交的现实。

在这种情况之下，人与人之间关系疏离、冷漠。由于整日进行着“身体缺席”的这种社交方式，越来越多的人不太乐意在现实生活中进行社交，也不“会”进行社交，很多人在真实的生活中，延续着社交网络的随心所欲，便越发导致了真实生活的礼仪缺失。至少，现在的“低头党”和“屏族”们没有意识到在餐桌、走路、聊天中，刷屏、玩游戏有什么失礼的地方。因为大家都在做。可是，真理往往掌握在少数人的手中，都在做的事情看似大势，却是谬论。

为了让现代年轻人回归真实生活，将其从网络社交上“解救”出来，不少机构提倡“社交离线”，关掉手机、平板电脑，离开社交网络，享受来自真实生活的社交乐趣。

我对这个倡议很感兴趣，我觉得社交离线对于现代人来说很有必要，因为网络社交虽然拉长了我们社交的长度，拓宽了我们社交的宽度，但是网络社交却让我们同真实的生活、真实生活中的人关系疏离，并让我们在社交网络上无法体会真正的社交乐趣。

由于网络社交没有形成一定的礼仪规范，在网络上进行社交活动的年轻人，礼仪缺失，又由于长期同真实生活脱离，真实生活的社交礼仪问题更是一个大漏洞。我不止一次听身边的朋友抱怨，说现代的年轻人不懂规矩，见人不打招呼，与人相处不懂礼仪。中华民族尊礼、尚礼的基因似乎并没有在21世纪得到传承。

网络社交是互联网时代的一个必然产物，也是进步的一个表现。但是，社会的进步并不意味着我们的进步，具有社会性的人最应该回归的是真实生活的社交，在真实生活中交往拜访。而当进入真实的社交生活中之后，我们就要对自己的言行举止负责，对自己的修养负责。

2. 交往礼仪知多少

人与人之间的交往是一门大学问。互联网时代，只要我们走出房门，离开线上活动，自己面对的就是一个复杂的真实社会。互联网时代下，信息的复杂化也让人与人之间的关系更加复杂。而互联网时代，人们礼仪的缺失，更使得人与人之间的交往失去了润滑剂。

在真实生活的交往中，我们必须懂得一些礼仪规范，这样才能更好地为自己的真实生活赢得人脉。在交往礼仪中，我们要坚持以下几个原则。

（1）真诚

在虚拟的网络社交中，由于“身体缺席”的这种社交模式，我们无法判断所聊天之人的真心。很多沉迷于网络社交的人都表示，真正通过网络社交成为朋友的并不多。互联网时代，注重体验的年轻人，在社交网络上

体会更多的是人与人之间关系的疏离，于是回归到真实生活的社交便越发渴望真诚。所谓“一片冰心在玉壶”，真诚永远是赢得人心的一张王牌，是我们同人交往中必须要做到的，同时也是交往礼仪的原则要求。

（2）尊重

我们在同他人交往中要懂得尊重对方，尊重对方的隐私，尊重对方的行为习惯和言论。社交网络上，很多人喜欢吐槽，对一件事情或者一个人发表纯个人、纯主观的看法，丝毫不在乎被评论者的感受。这种行为很失礼，是对他人的不尊重。

网络的发达，让很多事情变得透明，也在一定程度上加重了现代人的隐私意识。网络流行的人肉搜索，可以成一家，也可以毁一家。这种不顾他人隐私深挖严探的行为，也是一种失礼，是对他人的不尊重。

为此，在真实的生活中，我们同他人交往，既要避免网络社交不顾他人感受的毒舌与吐槽，同时，也要放下好奇心，尊重他人，这是礼貌，更是修养。

（3）平等

人与人的交往需要建立在平等的基础上，它是人们交往的情感基础，是建立良好的人际关系的秘诀。

我们待人要谦虚，不傲慢，不自以为是，不目空一切，不以职位、地位、外貌取人，不以贫穷富贵、貌美丑陋论朋友，这样的人才能赢得更多人的尊重。

（4）诚信

我们常说：“人无信而不立，业无信而不兴。”从古到今，诚信一直被我们中国人重视，是与人交往的基本准则。我们在同他人交往的时候，要有诚信，约会时，按照约定时间；承诺时，要依照最初的承诺，做到言必信，行必果。

(5)宽容

所谓“严于律己，待人以宽”，宽容是修养的表现，也是我们应该做到的礼仪。在同他人交往中，我们要学着体谅、理解他人，为人处世不求全责备、斤斤计较，要学着站在对方的角度考虑问题。

3. 拜访，你必须要知的礼仪规范

在人际交往中，我们无法避免要去拜访他人，或是沟通感情，或是有事相求。因为是主动性的行为，拜访更应该知礼，懂礼。

真实生活中的拜访不像网络社交。拜访活动进入真实生活，需要考虑很多因素，一个无礼的行为即可给对方的生活带来大的麻烦。它不同于网络社交，一句问候，一个邀请，可以耐心地等待对方回答，并不会给对方带来干扰。而在真实生活中，突如其来的造访，或者长时间的逗留，都会给对方带来想象不到的困扰。

在拜访活动中，我们是客。既为客人，就要遵守客人应该有的礼仪规范。

(1)事先约定，不为不速之客

没有人喜欢不速之客。没有事先知会的突然造访是一种非常失礼的行为，会让主人觉得意外，是对主人的不尊重。

我曾经遇到过这样的尴尬事件。当时是周末，我在家休息。一个关系并不是很近的朋友突然造访。这让我没有什么心理准备，手忙脚乱，更在一定程度上打扰了我的休息计划。有过此种经历之后，我越发体会到不速之客的不好，也让自己做到拜访之前事先约定。

我们在决定拜访他人的时候，一定要事先约定，约定好双方都适合的时间和地点。在约定的时候，态度要友好，以一种商量、探寻的口气，不能理所当然。

(2)如约而至，做守约之客

约定好拜访的时间、地点，就要按照规定的时间拜访。不要随意地变

动时间和地点，以免给他人带来不必要的麻烦。在赴约的时候，时间不可过早，以免让对方没有准备，同样更不可迟到，让他人等待，这是一种不礼貌的行为，同时也是一种失约。如果有事需要耽误一些时间，一定要提前打电话通知，以免让对方着急。

（3）客随主便，做“被动”之客

在拜访的时候，我们一定要遵循“客随主便”的原则，不可喧宾夺主。到了主人家，不能随便找个座位就入座，要待主人让座，方能坐下。更不能嚷着要喝什么茶或者什么咖啡，要待主人提出。

我一个朋友，同事前来拜访，打开门请进来后，朋友客气地让其不要拘束，要像在自己家中一样。这个同事很“听话”，果然不客气，俨然是主不是客，让一旁的朋友心里很是不自在。

中国人说话比较有意思，很多时候都喜欢正话反说。让人“不客气”的意思，就是要你客气。对你说“来时还带什么东西”，可若你真的空手，必定会有看法。并不是说中国人虚伪，这是我们特定的文化，是在拜访时应该做到的礼仪。是客，就要“入乡随俗”，遵守主人的行为标准，依着主人的心理走。

（4）彬彬有礼，做知礼之客

在拜访的时候，我们要做到彬彬有礼。

敲门时，声音不能过大，否则显得很粗鲁。在主人开门，邀请进入之后方能进入。如果开门的是自己不认识的人，一定不能闯入房门，要事先询问。

进入房门之后，不能有随便的行为，不可乱脱、乱扔衣服，更不可不经过主人同意随意翻动主人的东西。

在主人家见到其他人，要礼貌问候，或者点头示意。在屋内说话，声音不可过大，更不可肆意地评论主人家的装修或者摆设，这样非常无礼。

对待主人家递过来的东西，要双手接过，并要表示感谢。

(5) 适时告别，做“识相”之客

一个人到朋友家拜访，谈了一下午，天快黑了，主人留其吃饭，这个人不知是客气，就留了下来。晚饭过后，主人又客气留他住宿，他又留了下来。就这样，这个人在朋友家一住几天，让主人家很是心烦。

在这个故事中，这个人很失礼。他巧妙地回避了主人的“客气”，给主人带来了不必要的麻烦。我们在拜访他人的时候，一定要避免这种失礼的行为。除非事先有过通知，不然，一定要长话短说，适时地离开，以免给主人带来不必要的麻烦。

(6) 礼貌告辞，做感恩之客

在拜访结束后，要礼貌地向主人告辞，对主人的接待表示感谢。在离开前，确保没有东西落下的同时，也要保持主人家走时同来时一样。如有必要，可以主动邀请主人家到自己那里拜访。中国人讲究“来而不往非礼也”，这样做显得更有礼貌。

在拜访他人时，如果能做到上面六个方面，便会给主人留下好的印象。

本节要点

1. 在互联网时代，过分地以“身体缺席”的方式进行社交，在感到孤独、疏离的同时，在真实生活中，更易出现礼仪问题。现代人，应社交离线，回归现实，在现实的交往中做知礼的人。

2. 真实生活的交往更加复杂化，在交往中，更要遵循一定的原则和规范。

3. 拜访即为客，既为客就要有为客之道，做好六种客人，是拜访中必须遵守的礼仪。

不同年龄层次的对话“潜规则”

1. 对话也有“潜规则”

有一个笑话，说有一位年轻人没有出过远门。这天去走亲戚，可是不认识路。年轻人便去问路旁的一位老大爷：“喂，老头，去大王庄还有多远啊?”老大爷微微抬头看了年轻人一眼，说：“到大王庄还有三百杆子。”年轻人听了奇怪地问：“你们这里的人怎么不论里啊?”老大爷淡淡地说：“论理？论理你得叫我大爷!”

语言是人们交流感情最为直接的工具，社交活动离不开谈话。在很多情况下，谈话双方能否达成共识，能否进行一次走心的交谈，常常和说话是否得体恰当有关。而这得体恰当，便来源于礼，它是个人素质和修养最直接的体现。

我常常在工作和生活中，听到形形色色的人的对话，由于工作的性质，我也常常与不同的人进行沟通交谈。我发现，说话虽是人类最自然不过的能力，话很容易脱口而出，但是，说得好，说得对，说得称你心、如他意，并不那么容易。

2015 年 2 月，沈阳一位老太太在商场因为无意间碰到了一位女子而没有理会，招致女子的破口大骂。老太太因为无法忍受，还了一嘴，便招致一顿毒打。两个人素不相识，只是偶然遇见，却出现悲剧。究其原因礼仪是个大问题。老太太没有及时道歉，年轻女子没有尊老，这便发生了这样的社会悲剧。

很多人在同他人沟通的时候，会因为话不投机或意见不合而发生争执，最后不欢而散。在一场不愉快的谈话中，看似是意见、看法不同而促成最后不尽如人意的结果。其实深究，如果谈话双方在谈话中注重礼仪，即使意见不同，也不一定会争吵。

可以说，礼貌是获得沟通对话的入场券。礼貌的言语就如黏合剂，它能够很好地把人与人之间的感情粘连在一起。

俗语说："见人说人话，见鬼说鬼话。"这是一个人情商高的表现。虽然我们常常不齿这样的人，因为这样的人不免有马屁之嫌，嘴上的功夫难免显得浮夸不切合实际。但是，从另一个角度来说，见什么人说什么话，虽是圆滑，但更是礼貌，这样的人更懂得该如何同他人进行交谈。在与人聊天中，我们会碰到一种人，他们总是那么适宜地把话说进我们的心坎中，让听的人如沐春风，滋润肺腑。这样的人必然是讨人喜欢的。

对不同的人，有着不同的谈话技巧。在谈话中，我们要依据自己的身份、地位、关系进行合时宜对话，遵循一定的礼仪，这样才会给对方留下好印象，才更能体现自己的修养和风度。

2. 与年长者对话"潜规则"

不少人不太愿意同年长者对话，因为有代沟。最为典型的就是父母和孩子之间。父母喋喋不休地说，孩子一句"知道了，真啰唆"，让父母伤心不已，最后矛盾、争吵、不理解。如果以一句不耐烦回应年长者的话，这是非常没有礼貌的。无论是对亲人，还是对不甚熟悉的长辈，甚至路人，我们都要礼貌以待。

同年长者对话，要充分体现礼貌，这是我们应该做到的。

（1）尊敬是关键

现在很多年轻人在同长辈对话时，嘲笑长辈思想落伍，对长辈的看法和观点不屑一顾。在同长辈聚会的时候，由于缺少话题而沉默不语，低头玩手机，千呼万唤也没有任何反应，这些行为都是对年长者的不尊敬，都是一种失礼。

我国的儒家思想倡导“君君，臣臣，父父，子子”，这是封建社会运行的基本制度，也是一个人穷其一生都应该遵循的人生规范，不遵循即为逆天而行，大逆不道。古代的思想，到底有些封建和苛刻。但是，这种思想是人基本的纲常伦理，在任何时候，对长辈尊敬都是必须要做到的。因为长辈年龄比我们大，阅历比我们丰富，懂得知识比我们多，又对社会有一定的贡献，我们就应该从内心深处对他们尊敬有加。

在同年长者对话时，我们要充分体现尊敬的态度。

在对话时，要用尊称，在称呼上表达对他的尊敬；说话时，态度要谦恭，说话声音不宜过大，更不可肆意乱说；在同年长者意见不统一的时候，不要争执，也不可强行让其接受自己的看法。

（2）要热情

所谓“三岁一代沟”。年龄差异带来的是人生阅历、生活体验、眼界认识的不同。在各种差异之下，很多人在面对长辈的时候，总会带着“代沟”沟通，在言谈中缺乏应有的热情。

我们在同年长者对话的时候，要表现出对话题的积极性，在言谈中，表现出对交谈的极大兴趣，适时地表达对年长者的关心。

（3）要善于倾听

同长辈对话，一定要耐心倾听，认真听长辈说话，是一种礼貌。其实，同长辈对话，让他们说，自己听，是最好的一种方法。

当然，这里的倾听，不是没有任何回应地闷头不说话。我见过很多人在同长辈聊天时，只是长辈一直喋喋不休地说，晚辈低头，不是玩手机，就是思想天马行空，心不在焉。表面上是在听，其实是“左耳朵进，右耳朵出”，这是非常不礼貌的行为。

我们在倾听的时候要巧妙地回应，学会捧场。在年长者说话时，要时不时地用“嗯”“对”“是的”“就是这样”回应，必要的时候，对其所说的话做一个总结，并适时地发表一下自己的观点，这样会让他们觉得你有礼貌、有见地，更加喜欢同你交流。

孟子说：“为长者折枝，是不为也，非不能也。”在年长者面前，礼仪周到，是我们应为之事，同年长者对话礼貌得体是应为之事。所谓“话不投机半句多”是堂而皇之的借口。

3. 与同龄人对话“潜规则”

同龄人之间由于年纪相仿，在阅历、兴趣、爱好等方面有相同的地方，之间更容易有话题。不过话题越多就越容易产生分歧和矛盾。这个时候，就需要礼仪来做润滑剂。

（1）要体现平等

同龄人之间更在乎一种平等。在与同龄人对话时，要抱有一种平等的心态。在言谈举止、行为体态方面，不可有优越感，更不能在言语上奚落，让人觉得没有面子。不可用高高在上的语气同同龄人说话，这样会让人生厌，不仅不会拉近彼此之间的距离，还会让对方因生厌进而远离你。

（2）要有同理心

所谓同理心，就是要站在对方的角度考虑问题。现代互联网给我们铸造了一个属于自己的空间，很多人每天只把眼光关注在自我的世界中，而在谈话中，总会有意无意地将话题引到自己身上，完全忽略他人感受，给人爱显摆的感觉。这便是缺乏同理心的表现，也是很大的失礼。

为此，我们在与同龄人对话的时候，要将话题引到双方都感兴趣的领域，让对方也有话可说，在说的过程中，不要过分地强调自我，要学会倾听。当对方发表不同的观点的时候，要有包容心，要站在对方的角度上思考。

（3）不要触及隐私

同龄人之间话题比较多，之间的对话也较为活跃。但这并不意味着什么话题都可触及。同龄人对话的时候，一定不要触及隐私。其实，无论是

否同龄，我们都不喜欢自己的隐私公布于众。而在同龄人之间，这种感觉更加强烈。对于较为私人的话题，一定要避免，这是个人修养问题。

4. 与年幼者对话“潜规则”

同年幼者对话，如果不注重礼仪，会在年幼者面前失去年长者的权威，贻笑大方。

在同年幼者对话的时候，我们要做好下面几点。

（1）放低姿态，平等交往

我们经常会听到身边的人评价比自己年长的人“倚老卖老”。虽然这样评价比自己年长的人有失礼貌，但是，“倚老卖老”的年长者同样是失礼的。

作为年长者，在同比自己年幼的人沟通的时候，要学着放低姿态，不要拿腔拿调，在要求其做事情的时候，不可用命令的语气，要用商量的口吻，征求其意见。

（2）要亲和有度，营造氛围

在同比自己年幼者对话的时候，要做到亲切有度。过于威严，不易拉近同年幼者之间的距离，给年幼者不近人情的感觉。年长者要爱幼，积极地营造亲密的谈话氛围，谈话内容尽量向着双方都感兴趣的话题进行。

（3）自律，为人榜样

年长者对年幼者具有榜样作用。作为年长者不可为老不尊。在同年幼者对话时，在言谈举止方面要严格要求自己，说话得体，坐立有姿，这样才能获得年幼者的尊重。

无论是与同龄人对话，还是与年长者、年幼者对话，我们在对话中都要做到语言得体、礼貌周到，在尊重、平等、热情、亲切的基础上与之沟通。

本节要点

1. 说话是一门语言艺术。礼貌得体的语言体现一个人的修养和素质。

2. 年龄不同，对话技巧也不同。和不同年龄的人对话，用不同的对话技巧，合适得体即为有礼。

特殊场合的礼仪规范——婚礼、宴会礼仪

1. 特殊场合，礼仪是一件华美的服装

很多人觉得，礼仪繁杂，同现代人讲各种礼仪，就是新时代下古板的自由压制。我始终觉得，礼仪不是矫揉造作，它不是做给他人看的，而是做给自己瞧的，是一个心理安慰。所以，在我意识到礼仪可以让我的生活品质和生命质量提高一个档次的时候，我时时刻刻都会注意自己的言行举止。很多朋友都问我为何如此注重礼仪，我会回答因为强调礼仪会向内增加自我的修养和气场。在特殊的场合，礼仪会让我流光溢彩，更加自信。

在生活中，我们总会遇到特殊的社交场合，如婚礼、各种宴会等，只要有社交活动，我们就无法避免它们。在这些特殊场合上，我们社交的对象不再是个别人，而是众人，在这种公众场合，自己的一言一行都会落入他人眼底，举手投足间表现的是个人的修养、学识与气度，任何一个做得不够到位的地方，都会让他人评说，成为他人眼中的话题。

不同的场合有不同的礼仪规范。在对应的场合做出相应的礼仪规范，是一道赏心悦目的风景，也是个人魅力的所在，它比任何一件穿在身上的服装都要精美，都需要我们苦心经营。

2. 婚礼场合的礼仪必不可少

婚礼是一个重要场合，对新人来说，是人生值得纪念的一刻。对于参加婚礼的人来说，是为生活增添幸福和光彩的时刻。在这样重要的场合，礼仪必不可少。

我们在婚礼场合，要保证自己的言行举止得体优雅，符合婚礼的幸福、欢庆气氛。这需要我们做到以下几个方面。

（1）收到请柬及时回复

我们会被告知参加婚礼。在收到婚礼请柬的时候，我们要对新人表示祝贺，并及时回复新人在婚礼那天是否能够到场，方便新人确定最终参加酒席的人数。而如果不能到场，一定要说明原因，表示歉意和惋惜，希望新人能够原谅。

（2）妆容

婚礼是生活中重要且较为正式的场合，在这个庄重的场合中，我们要确保自己的妆容得体。

何谓妆容得体?

对于男士来说，面部要修整干净，头发要清爽干净。

对于女士来说，可以化优雅的淡妆。在这里，切忌化浓妆，浓妆艳抹会给人以不够端庄典雅且轻浮的感觉。

（3）着装

婚礼场合，我们要着装得体，符合正式场合的要求。

在我国，婚礼一般讲究喜庆，在服饰颜色的挑选上，要以暖色、亮色为主，避免黑色或者灰色等过于冷的色调。但是，也不可过于绚丽，这样有失庄重。而服饰的款式主要以简洁大方为主，可以在正式中偏休闲，有活泼之气。

在婚礼上，男士一般穿西装、长裤。穿西装一定要打领带，领带的选择要和西装的颜色、款式相匹配。女士可以穿套装，注意不要裸露太多，一定要避免穿同新娘婚纱接近的服装。在颜色上，可以选择白色、粉色、米色、紫色等。

参加婚礼着装选择最重要的标准，就是不可过于耀眼，以免抢了婚礼主角的光彩，以大方得体为主即可。

（4）言行举止

婚礼上的言行举止非常重要，不当的言行举止除了会损害自己的形象之外，还会影响到婚礼，破坏婚礼的完美。

参加婚礼的时候，我们应尽量提前到场，这是对新人的尊重，也表现出你对婚礼的重视。

在进入婚礼现场的时候，要对新人和新人的亲人表示祝贺。在接待处递交红包的时候，要正面朝上递给对方，然后在签名簿上工整地签上自己的姓名。

进入婚礼现场入座后，要和身边的宾客打招呼。如果身边坐着的是自己不认识的人，可以礼貌地进行简单的自我介绍。在同其攀谈时，要把握分寸，话不宜太多，要含蓄内敛。

我在参加一个朋友的婚礼的时候就遇到过这种情况。当时，新郎新娘两个人在台上宣誓，各种浪漫和幸福带动了全场的气氛。正待大家沉浸在新人的幸福之中的时候，台下的两位宾客在高谈论阔，说着无关紧要的事情，举止很是夸张，引得全场议论纷纷，新人更是尴尬不已。

这种行为出现在婚礼场合上，既是对新人的不尊重，也损害了自己的形象，就如当着众人的面在自己的脸上贴上“无礼”二字。

因此，我们在婚礼场合，不可高声喧哗，破坏婚礼的庄重气氛。尤其是在主婚人或者主角发言的时候，一定要保持安静，不可打乱他人的发言，更不可肆意地交谈。

除了在婚礼现场保持安静之外，我们还要注意避免随意走动，以免影

响到现场。在有现场拍摄的情况下，更不可随意走动，以免影响到拍摄。

在婚礼现场要保持微笑，对于不认识的陌生人，在不打招呼的情况下，要点头微笑，表示礼貌。当遇到现场互动的时候，如果被邀请上台参加互动，不要扭捏，要从容大方地上台。

在婚礼现场上，我们会遇到新人敬酒的情况。在新人敬酒的时候，要起身，这是对新人的尊重。同时，在敬酒时，要说祝愿的话，以表达对新人的美好祝福。

在婚礼现场吃饭的时候，我们要注意自己的吃相，要保持优雅的风度。在同宾客喝酒的时候，要注意礼貌，适可而止，不可醉酒，出现失态的情况。

在离开婚礼现场的时候，如果新人不忙的情况下，尽量打招呼再离开，体现好的礼节。

3. 宴会场合，用礼仪吸引人

我们的生活充斥着各种宴会，生日、升学、乔迁、新居、开业典礼等。生活中的宴会多以沟通感情、传达情绪为主。在宴会上，我们总会看到不分场合的喧哗，开不合时宜的玩笑，坐姿不雅，谈吐不当。这些行为都是极大的失礼，损害了个人形象，也扰乱了宴会气氛。

中国人讲究热闹，宴会场合总会有热闹同在。然而，热闹不等于嘈杂，宴会不应该不守礼。我们在各种宴会场合，各种言行举止都要得体到位，这既是对宴会主人的尊重，也向宴会上的众人展现了自己良好的个人素质。

（1）参加宴会的时候，装扮要整洁大方，符合宴会的主题

如果宴会较为正式，要穿着正式，男士穿西装，女士穿小礼服；如果是普通的家宴或者朋友之间的宴会，穿着可以不必计较过多，得体即好。

（2）参加宴会的时候，要准时

迟到，是对宴会邀请人的不尊重，是很失礼的行为。在宴会中途，如果有事提前走，不能不辞而别，一定要告知主人，表示歉意；同时，也要同宴会上与自己相熟的人打招呼告知离开。

（3）在宴会场合，要主动让座

宴会中入座时，要听从他人的安排，不要随意找个座位就坐下。遇到年长者和女士，要主动让座。

（4）保持端庄仪态

在宴会场合，要注重自己的举止仪态，不要失声大笑，引人注意。遇到开心或者有趣的事情，轻轻莞尔即可。同时，在入座以后，坐姿要端正，不可整个人靠在椅背上，更不可抖动双腿。

在食用西餐时，要正确使用餐具，左手拿叉，右手拿刀，刀口要向内。

就餐的时候，动作要文明、优雅，小口进食，不能出现不顾形象大口咀嚼食物的情况。同时，在就餐时，要避免手背碰到周围的人。吃完一道菜时要优雅放下餐具，刀叉要并拢放在盘内。

喝酒时，不可不顾形象地吆五喝六，更不可出现灌他人喝酒的情况，这些都是失礼的表现。

（5）守住自己的嘴，说话有分寸

很多人爱看热闹，也爱分享身边有趣的人和事。而人多的地方容易滋生流言蜚语。宴会永远是八卦最多的地方，因此，在宴会场合，我们要守住自己的嘴，不要说长道短，不要搬弄他人的是非，更不要揭他人的短。这样很是缺乏修养和礼貌，身边的人看似听得津津有味，实际上已经对你形成一定的看法。

有些人在宴会上会展现自己绝佳的“口才”。口才并不一定体现在滔滔不绝中，而是收放有度，知道在特定的场合说什么，怎么说。说话时，

要有分寸，俗话说“言多必失”，话说得多，容易出现漏洞，还会给他人留下不够端庄稳重的形象。同时，滔滔不绝地只顾自己表达，失态的同时，也很容易让人生厌。

（6）表情动作合时宜，不要大煞风景

在宴会场合，要使自己表情动作同宴会的气氛相符合，随着大家的气氛活跃，不要做煞风景的事，说煞风景的话。

（7）要从容大方，不要拘泥

在宴会场合要放松，要表现得从容大方。在与陌生人对视、说话的时候，要落落大方，不要拘泥忸怩，真诚而热情地同身边的人打招呼，即使拒绝他人的邀请，也要表现得大方得体。

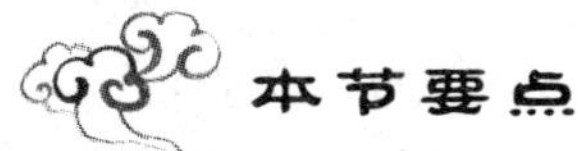

本节要点

1. 不同的场合有不同的礼仪规范，生活中的特殊场合很多，对待特殊场合，就要用特殊的礼仪。

2. 在婚礼和不同的宴会场合，除了要遵守一定的要求之外，还要从内做一个得体优雅知礼的人。

高尔夫球运动，你不得不知道的礼仪规范

高尔夫球运动形成于14、15世纪，起源于苏格兰，20世纪初进入中国，20世纪80年代在中国大陆兴起，成为高端人士的主要运动之一。一直以来，高尔夫就被定为“优雅的绅士运动”，被称为“贵族球”。

随着高尔夫球在我国的普及，这项“贵族运动”也被越来越多的中国人接受，是高层商务人士重要的活动之一。

高尔夫运动看球技的同时，更注重挥杆之人的礼仪表现。通过是否遵守高尔夫球的规则和礼仪，不仅可以判断一个人是否热爱高尔夫运动，更可以看出他的修养和人品。

1. 高尔夫球场八大失礼行为

很多时候，高尔夫球场比拼的并不是球技，而是一个人的素养。

因为是一种“贵族精神球”，高尔夫球对礼仪的要求非常高。很多情况下，即使你在球场上水平一般，甚至很烂，只要你遵守规则，懂得礼仪，同样会赢得他人的尊重；相反，即使你球技很不错，如果行为粗鲁、待他人不够礼貌友好，不仅不遭人待见，同时也会毁了球场上优雅绅士、优雅淑女的形象。

下面，就为大家列举了八条高尔夫球场上的恶习，这些不文明行为同高尔夫球场的纯净、优雅特别格格不入，可以说是对这一片土地和这一项运动的“侮辱”。

（1）迟到

平生我最恨约会迟到，于是我严格要求自己，同时也要求身边的朋友。不少朋友向我抱怨：“迟到一两分钟没有什么。”这个时候，我会对他们说：“你试试在高尔夫球场迟到。”

高尔夫球场是不允许迟到的，对于迟到，高尔夫球场的工作人员会毫不留情面地取消你的下场时间，同时其他人更会对你形成“不守信用”的判断。

在我国，打高尔夫球的人大多为商业人士。在商场摸爬滚打的人最为看重时间，即使你迟到了半分钟，都是对他人的不尊重，让自己失礼。

（2）着装不得体

着装，可以直接表现一个人的修养和素质。在高尔夫球场上，一定要着装合理，这是对他人和这项运动的尊重，同时也是对自己的尊重。

（3）大声喧哗

高尔夫球运动不像篮球、足球，运动时嗓门大一些，可以更好地体现你的激情和活力。对于这样一项优雅端庄的运动，大声喧哗一直是禁忌。

同时，在高尔夫球场手机铃声过大，或者接打电话声音过大都是不被允许的，很容易招致他人的厌恶和反感。

（4）威胁他人安全

在打高尔夫球时一定不能威胁到他人的安全。在高尔夫球场上，有的人打球快，有的人打球慢，这便很容易出现一种情况：人还没走出击球区域，便挨了一杆子。这不仅会对他人的安全造成威胁，更是在自己身上贴上了“没修养”的标签。

（5）打球慢

高尔夫球场上，打球干净利落一直是一个标准。不少人在打球时，会习惯性地多挥杆几次，看似是为了更好地找到感觉，打出完美的球，其实，是一种失礼行为，很容易影响到后一组打球的球员。

（6）把球场当练习场

高尔夫球场经常有人会在打坏了一颗球，再打一颗。如果只是一颗，这并无大碍。但是，经常有人在打坏球之后，再多打好几颗，俨然把球场当成了练习场，严重影响到他人打球。

（7）作弊

欺诈和作弊是高尔夫球最大的耻辱，是对他人的不公平和不尊重，同时也是对自我人格和人品的侮辱。

（8）对球童不尊重

有些高尔夫球员在球场上对球童呼来喝去，一副对待自家奴仆的模样。在打坏了球之后，向球童撒气，大声斥责，是非常没有修养和素质的表现。

以上是高尔夫球场的八大失礼行为。我们在打高尔夫球的时候，一定要严格要求自己，不能让自己成为高尔夫球场上不合时宜的“风景”。

2. 优雅的绅士必知的高尔夫球场礼仪规范

高尔夫球是一项绅士运功。任何人在高尔夫球场上的一言一行都要表现得优雅得体。遵守球场礼仪规范，注意自我礼仪规范，在高尔夫球场上更让人尊重。

（1）着装得体

对于着装，一定要体现优雅的绅士风度，要干净、整洁、优雅、得体，这是高尔夫球的文化。

具体来说，上身必须要穿带领带袖的上衣，下身要穿西裤或者休闲裤，上衣必须要扎在裤子里。在夏季的时候，男士可以穿短裤，穿短裤时一定要穿相配的运动袜。女士可以穿长度到膝盖的裙子，不可穿超短裙。进入球场上应穿特制的胶钉球鞋，以保护草坪。有些高尔夫俱乐部会为前来打球的人提供特定的鞋子。这个时候，要遵守这里的规定换鞋。但是如果不想换，要注意同里面的工作人员好好沟通，千万不能发生争执。

（2）守时

高尔夫球对时间的要求比较高，同时，遵守约定时间也是我们必须要做到的。

通常情况下，我们一定要比自己预定的发球时间早到 20 分钟，在这 20 分钟内，做好各项准备，如办理打球手续、换衣服、热身等，然后提前 5 分钟优雅从容地站在第一洞发球区。

（3）保障安全

安全问题是所有在高尔夫球场上的球员必修的一门课。

高尔夫球员在试杆或正式打球的时候，一定要确定自己挥杆的范围内没有人，球可能集中的地方没有人。如果发现有人，一定要提醒。并且，挥杆前要注意，地上没有石子、树枝等，以免挥杆时打中，伤害到其

他人。

（4）注意你的手机和电子表

打高尔夫球要避免干扰，我们要尽量避免把手机和电子设备带入球场，以免电话或者设定的闹钟响起时，干扰到他人。如果必须要携带手机，一定要记得把手机的铃声调小，避免电话响起干扰到他人。同时，在接打电话时，声音要小，不可大声喧哗。

（5）换衣

有的人在打球的中途，需要更换衣服，这个时候，一定要在更衣室，不能在公众场合，换鞋子同样如此。

（6）抽烟

高尔夫球场是公众场合，尽量避免抽烟。如果抽烟要看看有没有特定的吸烟区，同时要和身边的队友打招呼，以示礼貌。千万不要把烟蒂随手一扔。

（7）避免在果岭直接穿行

在高尔夫球场上，我们一定要避免在果岭（高尔夫球洞所在的草坪）上直接穿行，以免干扰到他人打球。

（8）考虑其他人

在其他球员开始打球的时候，不要走动，不要同身边的人谈笑，更不能站在或者靠近球洞的正后方，以免伤到自己，同时干扰到发球球员。

（9）礼貌对待他人

在高尔夫球场上，要礼貌待人，见人点头微笑，遇见熟人千万不可大声呼喊。同时，要耐心观看他人打球，不可妄加评论。不要同其他人发生争执，更不能对球童呼来喝去，关心、尊重身边每一位人。

以上这些需要在打高尔夫球时注意，时刻保持自己的优雅风度，才能为自己的商务社交加分，千万不能在球场上做一个失礼的“绅士”。

本节要点

1. 在高尔夫球场做一位优雅的绅士和淑女。

2. 一定避免高尔夫球八大失礼行为。

3. 遵守球场礼仪规范，注意自我礼仪规范，既是对他人的尊重，也是对自我的约束。

送人玫瑰，手有余香——送礼礼仪

1. 根据不同场合选择礼品

送礼是为了向对方表达自己的心意，增进彼此之间的友好关系，从而建立良好的人际关系。但是，送礼需要讲究礼仪，否则只会适得其反。根据不同的场合选择不同的礼物，才能够达到送礼的作用。

一般分为以下几种情况。

（1）去医院探病时的送礼礼仪

去医院看望病人，给病人送礼时，大多数时候送鲜花比较合适，能够让病人心情愉悦，相比送食品类的礼品要好。因为，病人在住院期间，很多食品是不能食用的，不同的病症要忌口的食品也不同，如果送给病人需要忌口的食物礼品就显得非常不礼貌。

但是，即使是送鲜花也有很多讲究，一般来说，在医院不能送给病人的鲜花为玫瑰、百合、康乃馨、满天星、天堂鸟等。送给病人小盆景是很合适的，在医院给病人送礼遵循的原则是让病人感到舒适，不影响病人的心情和休息。

（2）参加结婚典礼时的送礼礼仪

参加亲朋好友的结婚典礼，送礼的原则是祝福、吉利。选择的礼物最好具有一定的意义，以浪漫或实用礼品为佳。如送 99 朵玫瑰寓意“天长地久”，可以准确表达对新人的祝愿。送实用性的礼品时应送双数，代表吉利，如一对手表等。

参加婚礼时，切忌送伞，因“伞”谐音“散”，不吉利。在给新人送礼物时，选择有纪念意义的金贺卡或者结婚蛋糕，都非常合适。同时，应向他们表示自己的祝贺与祝福之心，不可丢下礼物就离开。

（3）参加祝寿宴会时的送礼礼仪

参加祝寿宴会，如果是为长辈祝寿，那么，需要遵守较多的礼数，才显得尊重。首先，在穿衣方面应讲究，不能穿得太过随意。其次，在选择礼物时，应注重送实用性强的礼品，更受主人的欢迎，如衣服、家电等。在了解没有其他人送生日蛋糕之后，可以选择一个象征着长寿意义的大蛋糕。

对于同辈朋友的祝寿宴会，送礼时穿着可以不必过于讲究，礼品也可以多样化，代表祝福意义的礼品都可以，有纪念意义的礼品亦可。

（4）参加其他喜宴时的送礼礼仪

如参加升学、开业典礼、乔迁新居等宴会，送礼的礼仪也应根据不同的场合来加以区分。参加升学宴会时，所送礼物应注重实用性，如书籍、整套文具、衣服等，目的是希望被送礼的人能够学习更上一层楼。

参加开业典礼时，所赠送的礼物应是具有祝愿主人发财、生意红火等，如“金元宝”、带有恭喜发财或生意兴隆等字样的牌匾等。根据不同行业选择恰当的礼物最合适，如是餐饮业可以选择送一整套餐具，如是娱乐业可送音箱、麦克风等。

参加乔迁新居的宴会时，所送的礼物要能够表达对主人的祝愿，希望他在新居里能够快乐、幸福，所以，无论是送实用性的小家具还是有纪念意义的壁画皆可。

2. 根据收礼人的喜好、身份选择礼品

送礼的目的主要是要让收礼人感受到开心，因此，在选择礼物的时候，应根据收礼人的喜好来赠送恰当的礼物。如果收礼人喜欢百合花，就应该送他/她百合花，而不应送他/她玫瑰。

如果与收礼人平时关系不是很亲密，不太了解他/她的喜好，可以询问与收礼人关系较密切的人，或者参照其他人所送礼品而选择近似的礼品，但是，不能与他人赠送相同的礼品，这样会显得送礼人没有新意，只是敷衍了事。

另外，在送礼时也应注意对方的身份特征来选择相应的礼品。如送给上司的礼品不能与送给普通同事的相同，会让上司觉得你对他/她不够尊重。同样，送给长辈的礼品也应贵重于送给同辈或晚辈的。

还有一些特定职业的收礼人，也应加以区分。如送业务员名贵珠宝，不如送同样价位的包包、手表或西服，能够为他/她在客户面前赢得好感，业务员的穿着与配饰是对客户的尊重。而佩戴珠宝则会有诸多不便。就像是给下岗职工送礼物，买名贵烟酒不如带两壶食用油受欢迎。

根据收礼人的喜好与身份来区别对待，是送礼的基本礼仪，是对收礼人的尊重，也能够起到送礼的目的。因为，中国人对送礼有很多讲究，大到国与国之间的礼物交换，小到父母送给孩子的礼品，都讲究一定的原则。如女不送表，男女朋友不送梨，孩子不送鞋等。

因为，送礼不仅仅是送出礼品，更重要的是送出一片心意，以此增进彼此之间的情感，“礼轻情意重”便由此而来。通常而言，送礼应遵循这样的标准，对家贫者，以实惠礼品为佳；对富裕者，以精巧礼品为佳；对恋人、爱人、情人，以纪念性礼品为佳；对朋友，以趣味性、启发性礼品为佳。

3. 送礼需要注意的礼仪禁忌

送礼已经成为我们每一个人为人处世、融入社会必要的一种社交方式，送出去的礼品也是我们人品的一种延伸，代表着我们的品位，也折射出我们的智慧与才干。因此，在选择礼品时，应注意一些送礼礼仪。

一是所送的礼物要轻重得当。如果礼物太轻，又没有什么特别的意义，会让收礼人觉得看不起他/她，尤其是送给与自己关系不是很亲密的朋友。但是，礼物也不应太过贵重。送礼是礼尚往来的，如果送太过贵重的礼物，会给对方造成一定的心理压力，尤其是没有什么实际作用而又特别贵重的礼物。

二是送礼应送收礼人喜欢的、需要的，雪中送炭永远胜于锦上添花。如果送的礼品是收礼人已经拥有了的，那么，就体现不出这个礼品的价值。送收礼人缺失的礼品能够让礼品实现价值最大化，也会让收礼人印象深刻，非常感激。

三是送礼还应及时，不能送迟到的祝福，否则只会适得其反。例如，如果已经过了节假日或者亲朋好友的生日等时间，再送任何礼物都会显得非常不合时宜，也失去了送礼的意义。如果是关系比较亲密的朋友，在朋友生日或结婚那天确实抽不开身到达现场的，可以提前在网上订购礼物，或者提前打电话跟朋友说明原因，许诺事后再补礼物，这样会让朋友感到送礼人非常珍惜友情。

四是送礼要遵循入乡随俗原则，每个地方的人对礼物的喜爱各有不同，不论是礼物的种类还是形状、颜色等，都应根据当地的一些风俗来选择，这样挑选出来的礼物至少不会让收礼人感到反感。有几种东西是不可以赠送的：现金与有价证券，药品与保健品，违反民族习俗与宗教习俗品，还有一些带有明显标志和过时的东西都不宜送人。

五是如果是主人给客人送礼，应等客人要走时再送，否则会让客人以为是故意撵客，便会起身告辞，将场面弄得很尴尬。如果是给公司、企业送礼，应在公共场合赠送，而给私人赠送礼物则应在家里送。

这里值得注意的是，送礼既不是馈赠，更不是贿赂，它是相互的，应遵循礼尚往来的原则。因此，在赠送礼品时，应根据收礼人之前送给自己的礼物为参照，来送出合适的礼品。给别人送礼是为了庆贺、祝福、礼尚往来，不是有求于人，要求他人收到礼品为自己办某件事。

送礼看似是给别人赠送礼物，其实更多的是在给自己积攒人气，为以后的社交做充足的准备。所谓"送人玫瑰，手有余香"，就是这个道理。送礼作为社交中比较重要的环节，我们应该对送礼的礼仪有全面的认识，避免因送错礼而在不知不觉中将他人得罪，为自己的交际添上一睹无形的墙。

本节要点

1. 送礼是社交的一种必要方式，在送礼过程中，应注意送礼礼仪。

2. 送礼应根据不同的场合、收礼人的喜好以及身份等来选择不同的礼品。

3. 送礼是亲朋好友之间的礼尚往来，有一些送礼禁忌需要特别注意。

4. 送出去的礼品代表着送礼人的眼光与价值观，因此，应慎重挑选礼品。

餐桌礼仪、茶文化、酒文化

1. 餐桌礼仪

餐桌礼仪是指吃饭时在餐桌上所表现出来的礼仪行为，作为“礼仪之邦”的中国，一向很重视餐桌礼仪。中国的餐桌礼仪文化源远流长，随着时代的更迭也在进行不断地变化。但是，万变不离其宗，餐桌礼仪有以下几个方面的具体表现。

（1）座位礼仪

中国人在餐桌上对座次很看重，不同的座位代表的含义也不同，坐对位置是餐桌礼仪中最重要的。一般来说，座位应按照“尚左尊东”“面朝大门为尊”的原则进行安排。

如果是圆桌，正对大门的座位为主客，主客左右两边的座位以距离来判断，距离主客越近的座位为尊，相同距离内，左侧尊于右侧。如果是八仙桌，有正对大门的座位的话，则正对大门一侧的右边座位为尊，如果不正对大门，则面向东的一侧右边座位为尊。

在引座时，主人应在靠门位置等待，为来宾引座，来宾应该听从主人的安排入座。如果有老板出席，则该公司的员工应将老板引至主座，如果有客户，则安排在主座左侧位置。

入座时，应让长者和女士优先落座后再入座。用餐时，坐姿端正，禁止一切不文雅动作。用餐后，应等男、女主人离席后，方可离席，男士还应帮助隔座长者或女士拉开座椅，方便他/她离席。

（2）点菜礼仪

点菜时，尽量在所有宾客都到齐之后，将菜单给宾客传阅，并请他们点菜。宾客一般都不会点很多菜，到最后还是要主人来点菜。点的菜品要全面，冷热、荤素搭配得当，询问宾客有没有忌口的菜肴。

一般来说，有几种菜肴可以优先考虑，如中餐特色的菜肴，尤其是有外宾在场时，点具有中餐特色的菜肴显得更为重要，像狮子头、宫保鸡丁、炸春卷等。还有一些具有本地特色和本餐馆的特色菜肴，如北京的烤鸭、西安的羊肉泡馍等。

在点菜时，应对来宾有一定的了解，有宗教信仰的人在饮食方面会不同，应注意点的菜没有触犯他们的禁忌。还有一些人出于健康原因，会对一些食物过敏、忌口，主人也应加以注意。

一般来说，一顿标准的中式大餐，应先上冷盘，然后是热炒，随后再是主菜、点心和汤，最后可以上餐后甜品，果盘也可不上。因此，在点菜过程中，要顾及各个程序的菜式。

（3）用餐礼仪

民以食为天，无论是在中国还是外国，人们对餐桌礼仪都非常重视，因为，餐桌礼仪不仅仅是用餐，也是最重要的一种社交方式。与他人一起用餐，能够拉近彼此之间的距离，找到彼此之间的共同话题，为以后的进一步交往做铺垫。

如果是大型宴会，人员比较多，那么，应安静等待用餐，可以与邻座进行寒暄，不应大声喧哗，与距离过远的人交谈，简单聊些无关痛痒的话题，如天气、夸对方的穿着等，忌聊此次主人招待的食物。如果是两个人用餐，则应主动寻找话题，尽量使气氛变得融洽，这是拉近彼此距离的有效方式。

在用餐过程中，应保持温文尔雅，从容安静，不能急躁。尽量不发出声音、做奇怪的动作。取食物时，应使用公用勺子或夹具，不用筷子在盘子里搅动，夹起菜时应避免将油滴在桌子上，口中有食物应避免说话，小口进食。

这些是一般的餐桌礼仪文化，为的是营造良好的用餐氛围，促进彼此之间的情感交流或促成一笔交易的完成等。其中，中国的饮茶礼仪与饮酒礼仪有很多的讲究。

2. 饮茶文化

中国是茶文化的发源地，中国饮茶文化源远流长，已经有4000多年的历史了。全世界也有100多个国家和地区的人喜爱品茶，每个国家的饮茶文化各不相同，各有千秋。中国的饮茶文化反映出了中华民族的悠久文明和礼仪。

饮茶从明清开始已逐渐进入到寻常百姓人家，如今，品茶待客是国内高雅的娱乐和社交活动，在茶馆品茶、茶话会成为了中国人社会性群体茶艺活动，通过这些活动来增进彼此之间的情感交流。

中国人饮茶，注重“品”，一杯为品，二杯即是解渴的蠢物，三杯就是饮驴了。说明了饮茶并不是为解渴，而是为领略饮茶的情趣之意。因此，饮茶要求环境安静、清新、舒适和干净。在这样的环境中品茶才能达到美的享受。于百忙之中沏一壶浓茶，细啜慢饮，不仅可以消除疲劳、振奋精神，还能让精神世界升华到高尚的艺术境界。

古时候，人们饮茶喜欢在山水之间，用木头搭建的亭子里面，坐在木质的凳子上面，摆设茶室，别有一番诗情画意。如有客人到访，则邀约一起品茶，欣赏大自然的美景，情到深处作诗一首来抒发此时的情感，这样的生活为多少文人墨客所向往。

茶有很多种类，在给客人沏茶时，应咨询客人喜欢什么口味的茶叶，也可以对茶叶进行适当的拼配。在陪客人饮茶时，在融洽的交谈过程中，还应注意客人杯中的茶水残留量，如客人的茶杯中只剩一半茶时，应及时为客人添满。饮茶时，也可适当食用一些茶食、糖果等，以调节口味，起到点心之功效。

古时候达官贵人饮茶会配以歌舞助兴，将饮茶变成一种待客的娱乐方式。现代，中国人饮茶喜欢边品茶边听一些舒缓的音乐，是人们工作之余非常钟情的一种休闲方式。品茶的人，应注重中国传统的茶艺和茶道，这样才能真正达到“品”茶的效果。茶艺指的是制茶、烹茶和品茶的艺术，茶道则指在艺茶过程中所贯彻的精神，它经常是看不见、摸不着的，但是，如果用心去品茶，却完全可以通过心灵去体会得到精神、道理、规律、本源与本质。

品茶也应注意茶德，即“廉、美、和、敬”，代表着廉俭有德，美真康乐，和诚处世，敬爱为人。一个有茶德的人，才能品出茶的真正味道，不仅让味觉满足，更是满足了心灵的宁静与淡然。

3. 饮酒文化

酒是人类生活中不可缺少的一种饮料，中国制酒源远流长，品种繁多，享誉中外。从古至今，酒渗透于整个中华五千年的文明历史，在文学艺术的创作、文化娱乐、饮食烹饪和养生保健等各方面，都在中国人的生活中占据重要的位置。

如今，酒已成为餐桌上不可缺少的饮料，无论是亲朋好友之间，还是同事、生意伙伴之间，酒成为了彼此交流感情的一种方式，俗语有“感情深，一口闷”。喝酒的文化一直延续至今，无论是在政治领域，还是生意场上，酒都是不可替代品，成为人们谈判的催化剂。由此，产生了许多酒文化，如劝酒、敬酒等。

劝酒是一种礼仪，合理的劝酒行为能够增进彼此的感情，喝了之后应再回敬劝酒人。劝酒时不应强制或胁迫，否则会适得其反，让他人产生反感。喝酒的礼仪非常繁多，一般而言，在餐桌上喝酒应注意下面这些礼仪。

首先，如果自己不能喝，就提前说清楚，不要开始喝第一口，在一旁

默默吃菜即可。如果确认自己能喝，也不要一上酒桌就主动要酒喝，应该韬光养晦、厚积薄发，因为总有酒量比自己好的人，如果开始就喝蒙了，后面就会显得很狼狈。

其次，如有别人劝酒，应爽快答应，不能推推诿诿，否则会让劝酒人觉得没面子。喝了之后，应在短暂时间之后回敬劝酒人。自己敬别人，如果不碰杯，喝多少都可，如果碰杯，应说一句，我喝完，你随意。敬领导时，应等领导之间相互喝完之后再敬，可以多人敬一人，不能一人敬多人，领导才可以一人敬多人。

再次，喝酒时应注意端起酒杯，右手拿杯，左手垫杯底，让自己的杯子低于他人的杯子，如果是领导就不需要放太低，好让员工方便敬酒。如果餐桌上同为同辈，敬酒应按顺时针顺序，不要厚此薄彼，敬酒时应说些祝福的话。

最后，切忌酒后失言，做出一些不文明的举动。酒席即将散场时，应保证自己的杯子里有酒，因为宴会结束后会有一个闷杯酒。如果没酒了，可以用水代替。

一直以来，人们都认为酒是有灵性的东西，人们不仅喜欢喝酒，在很多领域，酒也是不可替代品，由此构成了丰富多彩的酒礼酒俗。在我国传统道教中，把酒作为祭奠神灵的重要贡品，设有专门的敬酒官职，称为“酒人”。因此，早期的道教受这种文化氛围的影响，出现许多与酒有不解之缘的人，至今还在流传的八仙故事即与酒有关。

在中国音乐中，与酒也有分不开的关系。人们喜欢在美酒飘香的屋里，配上绕梁的歌舞，用以自娱或者待客。在一些歌舞剧和戏曲中，酒被当作一种必要的道具，让整个故事情节的发展更加吸引人。酒在少数民族中，也占有重要的地位，如傣族有醉酒舞、藏族有酒歌卓舞，把酒与舞蹈完美结合在一起。

酒与文字也分不开关系。不论是古时候的文人还是现代文人，在创作的时候总喜欢有酒的陪伴。著名诗人李白被世人称为“酒仙”，创作了大量与酒有关的诗句，如“举杯邀明月”。现代的文人作家也喜欢在饮酒之后创作，这样会激发写作灵感。

民间风俗中，更是离不开酒，例如，婚丧、节庆等活动，都少不了酒的存在。所谓无酒不成俗，离开了酒，民俗活动就失去了载体，少了很多乐趣。

本节要点

1. 民以食为天，无论在哪个国家，对餐桌礼仪都很重视，遵守餐桌礼仪是中华民族的传统美德。

2. 中国的饮茶文化具有久远的历史，直到现在，人们喝茶的习惯依然盛行，由此形成了许多饮茶文化与礼仪需要遵守。

3. 中国的饮酒文化久盛不衰，无论是在官场还是普通百姓家，酒是诗客不可缺少的一种饮料，喝酒的礼仪也一直被人们所推崇。

四季轮回，各个节气和节日礼仪

1. 各个节气的礼仪

一年四季，春夏秋冬，四季轮回，年复一年。在我国，把一年分为24个节气，每个时节都有不同的风俗礼仪。这些风俗礼仪延续至今，不断地发生演变。一般来说，目前，中国在以下时节需要遵守一定礼仪。

（1）立春

立春是二十四节气的第一个节气，在农历的正月初一前后，是汉族民

间最重要的传统节日之一。立春，作为春季的开始，这一天有迎春活动，目的是把春天和句芒神接回来。立春时还应祭祖，所设的食品主要有春饼、萝卜、五辛盘等，而南方则流行吃春卷。这一天是一年新的开始，忌吵架，不要有口舌之争，应和和气气迎接春天的到来。

（2）立夏

立夏是二十四节气中的第七个节气，表示告别春天，是夏天的开始。这一天，人们有迎夏仪式，热衷于玩斗蛋游戏和尝新活动。斗蛋游戏是大人将鸡蛋带壳清煮，待冷却之后套上编织好的丝网袋，挂在孩子颈上，与其他小孩进行斗蛋游戏。谁的鸡蛋最终还是完好的为胜利。尝新活动则指祭祖，立夏有三新——樱桃、青梅、麦子，将这些食品用以祭祖。

（3）立秋

立秋代表着秋天的到来，暑去凉来。人们在这一天举办的活动有摸秋、秋忙会、贴秋膘。这些活动都是民间特有的习俗，有一定的意义。但是，随着时代的发展，有些活动具有迷信色彩，已经渐渐淡出人们的生活。这一天的风俗食物是西瓜和四季豆。

（4）立冬、冬至

立冬为每年的11月7、8日（公历），冬至为每年的12月21、22、23日（公历）。都是中国最重要的传统节日。立冬时，人们喜欢冬泳、贺冬，农民在这一天需要管理好耕肥水，做好庄稼的防冻措施。以吃饺子，喝羊肉汤来庆贺。

冬至需要祭天祭祖，北方多吃饺子，南方吃汤圆。冬至又叫数九，是一年中最冷的日子，人们通常喝羊肉汤来驱除寒冷。

这些时节是一个季节的转变，天气由温暖到寒冷的变化。因为身体对季节的变化有一定的反应，因此，人们通过食用不同的事物来抵御严寒和酷暑，由此，慢慢形成了一些既定的习俗。由于地区的差异，人们对食物的要求各不相同，就形成了各种各样的风俗习惯。

无论是哪种风俗习惯，都是为了迎接新的季节，让百姓的日子越过越好。这些习俗的礼仪，逐渐成为我国不可取代的传统文化，再一代代地传递下去。遵循这些习俗礼仪，是延续这些风俗习惯的方式，具有重要意义。

2. 节假日的礼仪

不同的节假日有不同的风俗习惯，这些风俗一般需要遵循一定的礼仪，一年中主要有以下节假日。

（1）春节

春节为所有节日之首，是中华民族历史最悠久、最隆重、最富于民族特色的节日，俗称“过年”。春节前后，民间习俗为扫尘、剪纸、贴春、包饺子、吃团圆饭、放爆竹、拜年等。还有许多礼仪需要遵守：

守岁礼仪。在除夕之夜，合家点灯熬夜，辞旧迎新，称为守岁。在守岁过程中，可以吃饭、做游戏、燃放鞭炮等。除夕晚上，男女老少欢聚一堂，共享天伦之乐，这是中国人一直很重视的年俗，等到第二天大年初一，大家都穿上新衣服，先给长者拜年，然后走亲串友，互相祝福，守岁时忌说不吉利的话。

拜年礼仪。给别人拜年一定要穿着整洁，称呼规范，在时间选择上也要妥当，对不同的人说不同的祝贺语。在亲切自然的氛围中，把祝贺之情表露出来，要保持举止、姿态文明。

待客礼仪。春节待客分为迎客、敬烟、敬茶、送客等基本环节，在客人来之前，准备好茶具、糖果、饮料等，提前出门迎接客人的到来。客人来到之后，要热情接待，请客人落座，敬烟、茶，然后送出糖果。客人如要告辞，一定要婉言相留，客人起身后，再起身相送。

送礼礼仪。春节是送礼的高峰期，亲朋好友之间、同事之间、上下级之间都可送礼。所送的礼物应根据不同的人选择合适的礼物，在送出礼物

的时候要捎带上几句祝福的话。如果别人送礼给自己，应及时回礼。

（2）元宵节

元宵节是正月十五，是中国汉族民俗传统节日，是春节之后的第一个重要节日。人们在这一天吃元宵、赏花灯、猜灯谜、舞龙、舞狮子等来庆祝。尤其在晚上，到处张灯结彩，一片欢天喜地，一家老少吃完晚饭出去看灯会，一路上鞭炮齐鸣，好不热闹。

元宵节又称“灯节”，灯火象征着希望，表明中华民族对生活的乐观、对未来的期盼。对新春幸福余兴未消的人们，在这一天可以继续庆祝，各地的大街小巷、民宅商铺都张灯结彩，各种各样的灯让人们目不暇接，这一天是继春节之后最热闹的日子。

（3）清明节

清明是二十四节气中的第五个节气，又名“三月节”或“踏青节”。这一天，通常会举行禁火、扫墓、踏青、蹴鞠和插柳等活动。这一天也是法定节假日，可以去扫墓、踏青。这个时候，所有的植物都复苏了，一片绿油油的景象，让人心情开阔、愉悦。清明节的节日食物是蒿饼、青团、馓子、清明螺。

扫墓作为清明节最重要的活动，需要遵守一定的程序，首先是扫墓，将墓园打扫干净。其次是祭祀，这个程序的目的是寄托哀思，与先人相感。整个过程为修正墓地—上香—上供—敬酒—挂亲（压纸钱）—拜祭—放炮—撤供—拜别。氛围应庄重、严肃。

（4）端午节

端午节的由来源于我们的传统文化，这是非常具有凝聚力的节日，每到端午节，人们会包粽子、赛龙舟，这是端午节不可缺少的两个节目，一直被人们延续至今。这就像烙印一般，烙在了每一个中国人的身上，流淌在每一个中国人的血液当中，是中国文化的一种“骨髓因子”。

也有一些地区的人们在这一天喝雄黄酒，悬挂菖蒲、艾草，都是用以辟邪之说。这一天也是我国的法定节假日，一些上班族会选择出去旅游。无论是选择在家过节，还是以旅游的方式过端午节，都需要注重一些礼仪，体现端午节的特色。

(5) 中秋节

中秋节是农历的八月十五，是我国最重要的传统节日之一。这一天的月亮是一年之中最圆的时候，象征着团圆。不同地区的人们庆祝中秋节的方式各有不同，但是有两种方式却是每个地区都会庆祝的，那就是赏月和吃月饼。

我国自古以来就有赏月的习俗，在中秋节的晚上，一家老少围着桌子边吃一些小吃，边欣赏天上的圆月。小吃一般都有月饼、时令水果、瓜子、糖果和茶。中秋节是团圆的季节，一家人借着月光来抒发各自的情感，共同把盏叙谈。

(6) 重阳节

重阳节又称“重九节”“踏秋”，是汉族重要的传统节日，是每年的农历九月初九，也是我国传统四大祭祖的节日。这一天，人们传统的习俗为登高、吃重阳糕、赏菊和插茱萸。

在重阳节，全家都会登高来避灾，因此，重阳节又称“登高节”。重阳糕有许多做法，取谐音“高”的意思，祝愿子女百事俱高。重阳节正是菊花盛开的日子，因此，人们在这一天喜欢赏菊，在漫天的菊花傲霜怒放，使人流连忘返。插茱萸在唐代时就很普遍，古人认为在重阳节插茱萸可以避难消灾，可以插在头上，也可以佩戴于手臂上。

每个地区在重阳节这天所遵循的礼仪习俗各不相同，在新中国成立后，重阳节的活动也得到了充实。在 1989 年，我国把重阳节定为老人节，这一天，各地都要组织老年人登山旅游，来开阔视野、交流感情和锻炼身体，以此培养人们回归自然，热爱祖国大好山河的高尚品德。

节日存在的意义是为了庆祝，不同的节日有不同的节日礼仪，人们会

根据不同的节日来进行与此节日相关的事情，或庆祝、或祭奠、或祝福等。这些节日是我国几千年遗留下来的传统文化，对中华民族有重要意义。

中国人都喜欢团圆，这些节日也是为了团圆而存在的。中华民族发展到今天，是因为中华儿女对家人很重视，借这些节日来合家欢聚，把酒言欢。尊重这些节日的礼仪，也是尊重我国传统文化，具有延续这些节日的重要性。

近代以来，由国外引进来许多不同的节日，如圣诞节、情人节等，虽然我们也过这些“洋节日”，但是，大部分原因只是为了找个理由呼朋唤友去庆祝一番。而中国的传统节日才是我们最乐意过的，也是最重要的节日。只有通过这些传统节日，我们才能感受到中国文化的博大精深，中华民族的风气永远存在中国人的心间。

本节要点

1. 中国一年四季有二十四时节，人们习惯在某个时节做不同的事情，或食用不同的食品来庆祝该时节，这是中国传统文化的体现，也是人们对美好生活的热爱。

2. 一年中有不同的节日，人们通过这些节日来表达美好的愿望、家人团聚、祭奠祖先等。这些节日的习俗礼仪已经在人们心中根深蒂固，是我国传统文化的重要组成部分。

第五章

互联网时代的个人修为

礼仪向外，同时也向内，向内即为个人修养。互联网时代下，越来越多的人强调身心灵的修为，希望通过修炼，直抵自己的内心，做到心内的安静与从容。当社会越来越浮躁，内心的淡定与从容，反而更适合现代社会的快节奏。注重个人修为的人，总会通过自己的礼仪、礼貌来规避世俗，不计较得失。这样的人，更容易快乐，也更容易体味到生活的情趣。

相由心生，心境决定处境

现代社会，抑郁症成为了一种常态。世界卫生组织曾预测，在未来的2020年，抑郁症将成为仅次于心脏病的杀手，严重威胁人类的健康。

深究抑郁症的原因，心态是关键。

现代人在职场中如陀螺般旋转，在浮华的商业社会中困顿，在人生中不断困惑。工作和生活的强压，让我们变得脆弱不堪。遇到喜悦的事情，容易大喜；遇到不如意的事情，又极其容易大悲。一件极小的事情，都会成为我们情绪的引爆点，让我们成为自我情绪的奴隶。

早起上班，因为错过了一辆公交，便让所有激情和明媚消失殆尽。因为公交上拥挤的人群让自己在夹缝中求生存，于是，好心情又被磨掉了一层。迟到、挨训、工作的强度和难度、同事的误解和挤对，让我们一整天都处于不满、愤怒中，工作效率差，工作结果不尽如人意，在他人否定中自我否定。最后，回到家，把满满的坏情绪倾倒给家人，带着委屈和愤怒入眠。

这是很多人生活的真实写照。生活在他们眼中永远是黑灰两色。我们在心情不好的时候，会看什么、做什么都不称心如意。

现代社会的浮华，使得人心浮躁。很多人的内心就是一潭水、 阵柔风、一片树叶、一颗石子，片刻即可在上面激起层层波浪。

把坏情绪带给周围的人，是一种无礼。因为没有人有义务成为你情绪垃圾的回收站，更没有义务同你的情绪处于同一频率上。而我们内心的不淡定，就是对自己的失礼。

古人常言“修身、齐家、治国、平天下”，也说“一屋不扫，何以扫天下”。修身即修养我们自己的内心，扫一屋也是扫我们内心的尘土。内心不乱，方可处变不惊。

我在生活中经常会看到他人的争吵，也见到很多不淡定的人。遇到一件事情便大喜过望，再遇到一件小事，又悲观失望，要背负整个人生来描述自己微乎其微的琐事。

所谓“不以物喜，不以己悲”，这是一个高境界，拥有这样心境的人遇事从容不迫，不慌不忙，外界的任何纷繁扰乱都不会打扰其内心世界。这样的人，能够在任何场合时刻保持自己的优雅和风度。

很多人都不解哲学、宗教的存在。那种看不见、摸不着，做了可能一辈子无法见效的东西，存在就是荒诞。可是，哲学和宗教却自人类最原始的状态开始，就已经不断地在孕育、发展和扩散。因为，它们向内。佛家常讲究心静，也常说，不是外界改变，而是我们的心态发生了改变。这并不是同唯物主义相背离的唯心主义。事实上，只要你内心如初，没有什么可以改变。

1. 相由心生，我们要对自己的相貌负责

曾经，美国总统林肯面试一位员工，但最后并没有录取他。有人问林肯为什么没有录取那位员工。林肯说：“因为我讨厌他的长相。”大人物的林肯原来也以貌取人，这让问的人很是诧异。林肯当时就说：“一个人35岁以前的脸是父母决定的，但是35岁以后的脸是自己决定的。一个人要为自己的长相负责。”

林肯说得没有错，我们确实要对自己35岁以后的相貌负责，要对自己的长相和身相负责。

在幼年和青年时期，我们的相貌受父母影响，其生命、性格、习惯、品性、修养，在人生的最早期，父母便是我们最初的雕刻师。而在成年之后，在知识、羽翼日渐丰满之后，我们走进社会，接受现实生活的打磨和修炼。这个时候，我们就是自己的锻造师，相貌也因此发生了改变。

我们经常会听到“以貌取人”这个词语。这个词语带有极大的偏见和贬义色彩。我们从小接受书本、教育的时候，都被家长、老师、长辈耳提面命地说：“不要以貌取人！”因为，以貌取人不符合社会综合评判一个人的标准，以貌取人的人更是浅薄无知的人，这种人只看到肤浅的表面现象，无法触及事物的本质。

其实，“以貌取人”并没有什么错！在大智慧的人评判他人的标准中，“以貌取人”常常起到最为关键性的作用。当然，这个“貌”，不是指从父母那里遗传而来的俊美或者丑陋的皮囊，更不是金玉堆起的浮华，而是在言谈举止、心态认知之下所散发的修养光芒。五官所造就的皮囊之美，永远敌不过从内散发而出的气质和神韵，因为它是一个人的精神内核。

佛家常言，相由心生。从一个人的面相和身相就可以看出一个人的处境、心态、修养和学识。这些都不是我们从父母那里继承而来的，是需要自己来修为，自己来沉淀的。

我一个朋友向我无意间说起她的大学同学聚会。时隔多年，大家有了或多或少的变化，有的胖了，起了啤酒肚；有的老了，眼角有了皱纹；有的现实了，开口就是股票、基金、柴米油盐。其中，有两个女同学给她印象非常深刻。一个是当年系里众多宅男心中的女神，是众多女生嫉妒和钦羡的对象；另一个是大学四年都不出彩，一直在班级中充当“边角料”的灰姑娘。而这次大学聚会，女神和灰姑娘让众人跌了两次眼镜。女神风采不再，身材走样，眼角也起了细密的皱纹，自始至终谈话的主题也未曾离开老公、孩子、柴米油盐，抱怨、哀叹，各种不如意。而当年的灰姑娘，穿着得体，谈吐文雅，见识不俗，不甚出众的外貌却在年龄和阅历的沉淀下绽放光彩，成了聚会上的焦点。

这是现实。很多人都感叹岁月是把杀猪刀，在自己脸上和身上进行着无情的刻画。然而，岁月是把杀猪刀的同时，也是一支魔法棒。我们在接受岁月给予的年龄和阅历馈赠的同时，更需要对自己进行修炼。

在浮躁的环境，越能守住自己的内心，拥有处变不惊的心境，在其面相和身相上越显得淡定从容。这样的人言行举止不易失态，更能征服他人。

我常常觉得，20 岁的时候，有人夸你长得漂亮，这不是一件多么值得高兴的事情。因为，青春是逼人的。可如果到了 30 岁、40 岁，在经过岁月无情的雕刻之后，仍旧有人夸你长得漂亮，这才是值得开心的事情。因为，这个漂亮同青春无关，同沉淀的岁月有关。

2. 我们是魔，更是渡自己的佛

夜晚，一位年轻人行驶在寂静无声的公路上。正在他归家心切的时候，车子爆了胎，罢工不干了。

年轻人心里有些火气，可是车子仍旧要修。于是，内心很是郁闷地去到工具箱中找工具，却发现少了关键的千斤顶。

年轻人四下望去，看见不是很远的地方有微弱的灯光传来。年轻人喜出望外，便决定到那户人家去找千斤顶。

在去的路上，年轻人的郁闷和恼怒并没有得到缓解。一路上都在想："如果屋内没有人怎么办?"

"如果这家人没有千斤顶怎么办?"

"如果他有千斤顶却不肯借给我怎么办 ?"

……

年轻人一路上不停地进行着各种猜测，因为不确定性，心头的阴霾更重了。

等到了农家的门前，年轻人火气冲冲地敲门。

屋内的主人刚开门，年轻人就冲着主人家喊："去你妈的，你家的千斤顶有什么稀罕的!"

主人家被门外这位陌生人突如其来的恼怒弄得莫名其妙，"砰"的一

声便把房门给关上了。

年轻人什么都没有借到，垂头丧气地又回到了马路上。

这个年轻人有些可笑。遇到不好的意外状况，心情不好，是人之常情。但是，也有很多的人在遇到突发的意外状况之后，会同这位年轻人一样，乱了阵脚，不悦、失望、郁闷之情排山倒海袭来，最后扰了内心，看所有人与事都不顺眼。本来一件可以如期完成的事情，在慌乱和坏情绪的影响之下变得糟糕。

相信很多人同故事中的年轻人一样，都会有这样的感受，会因为一些事情破坏心情，扰乱了心绪。

这个时候，坏事情的起源点是我们，解决的突破口同样是我们。人生最大的敌人是自己。我们是自己最大的心魔，同时也是渡自己的佛。

只有有了好的心境，方可处变不惊。好的心境能够改变我们的处境。正如故事中的那个年轻人，如果他开始不慌乱，心态如初，在车子发生故障的时候，不会有恼怒和郁闷之情，更不会对主人撒泼。最后，也许借到千斤顶，修好车，顺利归家。即使没有千斤顶，也许会被好心的年轻人拉进屋内，沏一杯热茶，处境就会发生改变。

3. 好的心境，是都市男女的必修课

我常说，现代人没有福气。现代人虽然催生了城市大片的繁华，是城市繁华的催生者，但是却不是繁华的享受者。我们极其容易被自己的心绪左右，从而看不到生活的美，体会不到生活的幸福。现代人爱谈幸福，常常调侃自己是幸福的边缘人。其实，这纯粹是心境问题。只要我们拥有处变不惊、从容不迫的心境，再坏的处境也不过如此。

拥有好的心境，需要我们修炼自己的内心。

（1）要有一颗平常之心

这颗心要如水，有水的灵动，平坦处肆意流淌，遇到乱石断崖，也有

自己的精彩。这颗心要不计较得体，所谓得失，有得必有失，有失方有得。在不断的自我努力之下，顺其自然。

（2）要有一颗进取之心

这颗心，要足够勤奋，为自己所要、所爱而努力进取，不断学习，充实自己。在这里，我们要远离无聊，因为无聊常让人消极、怠慢，容易让人内心空虚，无所事事。

我们经常会出现这种状态，上班时工作不依不饶，下班后无聊不依不饶。拼命的刷微博、玩游戏，进行着毫无意义的聊天，或者与朋友推杯换盏，看着热闹，实则更加寂寞。这个时候，我们就要远离这种无聊的心态，让自己的内心充盈、丰富。

（3）要有一颗满足之心

很多时候，我们的不愉快皆源于自己的不满足。一些人，在职场中不满足。拥有了一个成就，便去追逐另一个成就，从来没有时间享受当下。还有一些人，在生活中盲目攀比，有此，便想要彼。

虽然说拥有一颗不满足的心，会让人奋进，会改变现有状况，变得更好。但是，永远不满足，只会让自己的心更累，体会不到生活该有的幸福和乐趣。

4. 要有一颗感恩之心

常怀感恩之心的人，更容易体会到一切的来之不易，也更容易珍惜，更容易把握拥有的一切。

常怀感恩之心，内心便容易自然平和，才更能明白没有任何人应该为我们无条件付出，这样才会珍惜周围的人与事，才会对自己更加负责。

本节要点

1. 所谓心态决定命运。现代社会，我们极其容易成为自我的奴役。心境的不淡定从容，往往是我们现有处境的罪魁祸首。

2. 相由心生，我们需要对自己的相貌负责；境由心造，不要让自己的境遇一团糟，我们是自己最大的敌人，同时也是自己的解救者。

3. 现代人在现代都是生活，常常需要拥有好的心境，不大起，不大落，拥有平常、进取、满足、感恩之心。

找到自己是最好的修为

1. 浮云遮眼，请清理再走

一位禅师在一片静谧的林中修禅。

在万物寂静无声的时候，不远处却传来一阵嘈杂的声音。渐渐地，声音进入林中，原来是一男一女的争吵声。

随后不久，只见一女子跑进树林，从禅师的身边掠过。

不一会儿，树林中又跑来一位男子。

男子走到禅师的面前，怒气冲冲地问："你有没有看见一个女人从这里经过?"

禅师轻轻问道："你怎么那么生气？发生了什么事情吗?"

男子脸色阴沉，恶狠狠地说："我的钱被那个女人偷走了，哼！我一定要抓到她!"

禅师听后问："找一个逃走的女人和找你自己，哪一个更加重要?"

男子听后，一愣。后来又细想，突然顿悟。先前生气、愤怒的脸舒展开来，露出喜悦之色，整个人也光彩起来。

大多数的人就是那位男子。很容易动怒，一些极小的事情都会让我们火冒三丈，从而失了素质和修养。

看到这种情况，我常常觉得没有必要，因为生气是多么不划算的买卖。生气会让我们失去理智，丢掉自我的修养。同时，生气是拿他人的错误惩罚自己。

生活中，我们总会被各种欲望所奴役，总想努力得到一些东西，总觉得按照自己所定的方向奔跑，只要顺着规划就绝对没有错。然而，我们却在奔跑的过程中，被各种情绪所阻挠，被周遭的一切所遮蔽，被各种诱惑吸引，最后乱了脚步、乱了心、失了修养，让自己变得面目不堪。我们总在奔跑中离自己的初心越来越远，在不断奔跑中失去了最初的自己。很多时候，我们把责任推向他人，推向命运，推向生活的诱惑太多，可是，往往忘了自己才是一切的根源。

2. 人生最好的修行是找到自己

宗教讲究禁欲。但是，我们都听过一句话“酒肉穿肠过，佛祖心中留”。这句话不是插科打诨，也不是破欲的借口。其实，这句话才是佛的真谛。佛教禅宗思想讲识自本心，见自本性便可以立地成佛，就是要我们接触自己的自性。

现代人常感空虚，明明时间排得很满，内心却仍是一片空落。明明事情很多，却总是一拖再拖，继续明日复明日。

这就是丢失了自己。找不到自己，很容易感觉到迷茫，在欲望都市中，就是无根的浮萍，根基不稳，随意摇摆。

有些人在面临选择的时候，不断地肯定和否定，为选择纠结、痛苦，最后不知道自己到底想要哪一个答案。

有些人，盲目跟风，看到别人这样，非要来一个一模一样的复制。

有些人，盲目攀比，比他人好就可以让自己的自信心爆棚，却殊不知自己是个稻草人，只能从表面上吓退鸟雀，风一吹即倒。

有些人，不断抱怨，抱怨工作，抱怨家庭，抱怨人生。

……

这些人谈不上个人修养。

综观我们生活中的人，那些待人接物优雅得体的人，大多有一个明确的目标，对自己也有一个明确的定位。因为明白自己想要什么，知道自己想要达到何种境界，所以克制自己，把自己经营得更好。

我曾经接触过一个人。他野心很大，什么事情都想要，什么事情都想做好。最后，精力透支，什么事情都没有做好，人生是一团乱麻，自己也是一团糟，抱怨、不满、苦闷丛生。

我问他，为什么要这么累。

他便给我罗列各种理由：家庭、生活、他人的看法、社会的要求。

在他的各种理由中，我没有发现他自己。

我们会把时间给予他人，给予脾气，给予虚荣……可是，却偏偏不为自己寻找一个位置。然而，对我们而言，找到自己才是关键，才是人生最重要最好的修行。

3. 自知者明，认清自己

老子在《道德经》中说："知人者智，自知者明。""知人"向外，"自知"向内。向外的容易得到，而向内想要达到澄明并没有那么简单。大多数的人，评价他人一针见血。但是，若要客观而正确地评价自己，却常常哑口无言。我们常常对他人苛责以求，对自己却低标准。只知他不自知，内心很容易受到外界的影响。

若想找到自己，遇到"自性"，我们要认清自己。

很多人觉得，他自己应该这样，而不应该那样；应该受到表扬，而不应该被批评；应该处于这么高的位置，而不应该在这里。常常纠结自己应不应该的问题，这便是对自我的不把握，没有找准自己的位置。

一座山上有一座寺庙。一排排石阶通向寺庙，一直到达庙中的一尊佛像前。

石阶每天看到那么多香客上山前来拜见佛像，而自己却被狠狠地踩在脚下，无人关注怜惜，心里很是不平衡，觉得上天对自己不公平，每天苦闷哀愁。

这天，石阶终于忍不住问佛像："我们两个都是石头，为什么我每天被香客踩在脚下，饱经风吹雨打。而你却要高高地立在庙里，受众人的膜拜?"

佛像淡淡一笑："你只知道你挨了六刀，成为了石阶。可是，你可知道，我是千锤百炼，挨了千刀万剐才成了今天这个样子啊!"

石阶所有的苦闷和哀愁都是源于自己的不自知。因为它没有正确地认识自己，没有认清自己的位置。

我们很多人都是石阶，这山望着那山高，总觉得自己应该更好，但从来不知道关注自己的内心，看清自己的位置。整天坐着天鹅的白日梦，却不清楚，自己并不是遗落在鸡窝里的天鹅蛋。

只有认清自己，认清自己的位置，认清自己的处境和处在这种情况下的原因，才能在现实和想象面前达到平衡。

4. 成全最好的自己

石阶的故事并没有结束。

石阶听了佛像的话沉默不语。它想起曾经它同佛像都是两块石头，那个时候，它们都一样，都心怀梦想，想要成为一尊千人跪拜万人尊敬的佛像。可是，当工匠师傅雕刻它们的时候，一刀、两刀、三刀，石阶感到钻

心的疼痛。当第六刀划下去的时候，石阶退缩了。然而，佛像却不一样，每一刀它都默默地承受，这才成为了现在的自己。

石阶在最初同佛像一样，都深知自己是块石头，都有想改变自己的梦想。然而，在寻梦的过程中，石阶退缩了，佛像坚持住了，这才造就了今天的不同。

每个人都有梦想，都有想成为的人。然而，由于无法认清自己，无法认清我同他之间的差距，只得在想象中不停地打转，在得不到中苦闷。

认清自己之后，最重要的是成全更好的自己。在成全的过程中，不忘自己的初心，时刻自省，时刻改变，不断努力。

现代人都爱讲究修灵，希望修出一个完美的自己。可是，时间一天天过去，这只是一个美好的想象。

那些希望博学多识的人，从来不肯花费时间在读书、增长阅历上，总是以时间忙、抽不开身搪塞自己；那些希望自己举止优雅的人，没有意识到自己的举手投足间的粗鄙和莽撞；那些希望得到他人尊重的人，从来不去想尊重自己和尊重他人。

认识到自己固然是改变的前提，但是，成全自己才是改变的最好途径。只有成全了更好的自己，才能遇见自己，才能始终如一地做最真实的自己。

本节要点

1. 我们总会被各种欲望扰乱了心绪，让心内杂草丛生。浮云遮望眼，清理后再走，才不会迷失自己。

2. 人生最好的修为是认清自己，找到自己，找到自己的位置和价值。

3. 找到自己的更好境界是成全更好的自己，让自己成为更好的人。

用时间管理法则来体现礼仪礼貌

我一个同事，一次去见一位大客户。精心准备之后出发，却在同约定餐厅仅一条街之隔的地方遭遇了堵车。耐心等待了10分钟左右，同事放弃了，穿着漂亮的高跟鞋一路小跑地来到餐厅。

最后，出现在客户面前的自己，神色慌张，头发也在小跑中凌乱了。

客户看到同事，一句话没有说，只是微笑。为了缓解尴尬气氛，同事笑着说："对不起。刚才堵了好一会儿的车，害怕耽误您的时间，我就跑了过来。"

同事的话刚落，客户就开口说："对不起，作为一个商务人士，我实在没有看出您对时间的管理。"

客户的这句话把我这位同事说愣了。

在愣了三秒钟之后，同事回过神："可是，我是按约定的时间来的，并没有迟到是吧?"

客户摇头一笑："对，您是没有迟到。可是，我们约定的时间是上下班的高峰期。对于堵车应该在您预料之中，您应该提前做准备，而不是在堵车的时候浪费时间。我还有事，我们还是下次再约时间吧。"说完，便扬长而去。

同事回来后非常不满地向我抱怨，说客户在故意刁难她。

我在安慰了她几句之后，细想了一番，觉得那位客户并没有错。

我们常常被教导"一寸光阴一寸金"，在现代高度发达的商业社会，时间同金钱对等。对时间进行有效的管理，是每个人必备的素质。从一个人是否能够有效地管理时间，便可以看出这个人的素质和修养。我的那位同事为了遵守约定的时间，跑着去见客户，损害了自己的形象，是对客户

的无礼。而同时，在着急慌乱中丢失了自己的从容和淡定。

相信我这位同事的情况，很多人都会遇到。我们总以为，守时守约便是对时间最有效的管理。可是却不知道，珍惜和有效地利用时间更是管理时间最应该做的。

现代社会，很多人都被拖延症所困扰。只要期限没有到，就有权利把今天的事情拖到明天。最后，加班加点地完成，勉强过关，让自己心力透支，也极其容易在各种着急慌张中影响情绪，对身边的人大呼小叫，在不淡定中丢了一份修养。

时间管理的黄金法则

我们经常会羡慕成功人士，感叹他们无论处在何时何地，总能做到淡定自若、有条不紊。其实，深究下来，很大程度上归功于他们对时间的有效管理，即他们会合理地安排自己的时间，让时间跟着自己走。

对于个人而言，自身修养和礼仪应该体现在对时间最有效的管理上。有效地管理时间，不着急不慌乱，内心的平静和从容，更容易把事情做到最好，也更容易向他人展现自己的魅力。

我们需要掌握时间管理的黄金法则，在对时间的有效管理中，展现我们的礼仪和礼貌。

（1）设定目标

我们的人生都是由大大小小的目标组成的。大到未来人生的方向，小到一日三餐。有目标，才有努力的方向，做事情才不会杂乱无章。

对于目标的制定，我们需要切合实际。为目标制定出合理的时间段，这样才能保证目标的完成。

（2）制订计划

做事情之前，预先要有个计划，这个计划要紧紧围绕我们所设定的目标，对于完成的方法、时间、可能遇到的情况、最好的结果和最坏的打算、如何修正，都要做到心中有数。这样，事情的发展才会在预期之内。

(3) 80/20 定律

80/20 定律，也就是“二八定律”。

很多人常常觉得，投入了很多的时间和精力去做一件事情，却常常收不到预期的效果，浪费了时间。80/20 定律告诉我们做事要分清事情的顺序和轻重缓急，用 80% 的精力和时间去做 20% 最重要的事情。

(4) 设定期限

帕金森定律告诉我们：事情总会被拖延到最后一分钟才完成。为了避免因为拖延而导致最后的慌乱，我们一定要给自己设定期限。把一件事情分解成更小的事情，设定更小的完成时间，一点点的完成。在做的过程中，要时刻提醒自己期限的存在，给自己一定的压力。

(5) 拒绝拖延，说做就做

一次小的拖延便会影响到事情完成的进度，浪费时间的同时也是对自己和他人失信。我们要克服自己的拖延症。在目标制定好之后，就立刻投入行动，不要有丝毫的拖延。在行动中，要考虑到阻碍因素的存在，不要让其影响到事情的结果。

(6) 注意条理和整洁

很多人都会有这样的疑惑，经常看到的东西，到关键时刻却找不到了。于是，很多人便会把时间花费在找东西上。这是非常不必要的浪费时间。如果我们注意生活和工作中物品的条理和整洁，便不会浪费时间，更不会因为找不到所用的东西而内心焦急。所谓小细节大文章，从物品细小的条理和整洁可以看出一个人的态度。我们总会愿意同做事有条有理、整洁有度的人交朋友。

(7) 守时，不要浪费别人的时间

守时，在人际交往中非常重要。不遵守时间的人，是在浪费他人的时间，是对对方最大的不尊重。所谓“君子一诺千金”，一个时刻注意个人

修养和礼仪规范的人，定会遵守自己所说的话，所做的承诺。

一般而言，同他人约会，我们在守时的基础上，要尽量提前10~15分钟到达，这能显示出自己的重视，同时，可以有充分的时间准备自己的仪表，让约会拥有最美好的印象。

（8）学会说“不”，不要让他人浪费自己的时间

有些人坚信的原则是“宁可他人负我也不愿负他人”。于是，在约定见面的时候，面对他人的十几二十分钟的迟到，总会大方地一笑而过。其实，这个时候，我们不如大方而优雅地说“不”。

很多时候，拒绝他人不仅不是不留情的表现，反而是自重，更容易赢得他人的尊重。我们要学会说“不”，在他人拖延、浪费自己时间的时候，优雅地拒绝。

（9）善于利用零碎时间

我经常听身边的人抱怨说，没时间看书，没时间学习。其实，时间真的就是海绵里的水，挤挤总会有的。

学习充电这种事情，可以增加我们的知识，改变我们的认识，最终会形成我们的修养。对于有利于我们自身发展的事情，我们所要做的，就是努力挤时间，学会利用零碎的时间完成。比如，等车、休息、等人的时间。久而久之，你会发现，用零碎时间可以完成很多事情。

（10）学会化繁为简

再复杂的事情，都是由一件件简单的小事组合而成的。面对复杂、颇为头疼的事情，很多人都会在心里拒绝，以至于浪费了很多时间。我们所要做的，就是要学着化繁为简，并在心里暗示自己，事情没有想象的复杂。在行动中不要退缩，注意方法的利用，少做一点，把精力和时间集中在一起。

（11）学会平衡

把时间合理分配给生活、工作、家庭和朋友，平衡自己的时间。

有效地管理时间，便是有效地管理我们自己。让事情达到预期效果的同时，也对自己有一个良好的认知。

本节要点

1. 时间就是金钱，学会有效地管理时间，才不至于被时间赶着走。

2. 有效地管理时间，是对自己的负责，也是对他人的尊重，在有条不紊、循序渐进中，体现自己的礼仪礼貌。

3. 有效管理时间需要掌握时间管理的黄金法则。

构建自己的社交群体，寻找同频人

1. 巨型社交，这样真好吗

所谓“物以类聚，人以群分”。每个人都有自己的能量场，所吸引到的人也大多是具有同样能量场的人。同一个社交网站上，有形形色色的人，这些人都有着不同的职业，不同的兴趣爱好，不同的人生观和价值观。

互联网时代下，人们的社交圈得到了充分的扩大。微博、微信、QQ、各种贴吧都是不同的社交群。可以说，现在的我们处在一个巨型的社交圈内。然而，我们在这个巨型的社交圈内，其实并没有真正的社交群体。

巨型的社交鱼龙混杂，我们看似加了很多好友，看似关注了很多人，看似拥有不同的社交圈，但是，很多人在这些社交圈内安静地潜水，同圈内人的交流少之又少。我们同社交圈内的很多人唯一的交流就是被他们杂乱无章的信息狂轰滥炸。并且这种交流是带有强制性质的，我们是被迫接

受的。在巨型社交圈内，因为庞大的信息量和同自己无关紧要的生活、专业，对自己的真实生活有实际意义帮助的人却在大量的信息中迷失。同时，我们还要充当各种负面情绪的回收站，或者因为看到了某种信息，而让自己心绪烦乱，进而影响到工作和生活。

互联网时代下的巨型网络社交并不能真正满足我们的社交需求，同时，在巨型的社交圈内，我们并不能如期地获得存在感。

于是，小、中范围内的社交群体开始兴起，从 QQ 的讨论组，200 人聊天群，再到微信的朋友圈，这些都是社交网络的发展趋势。小众的社交群更容易让我们找到真正谈得来的朋友，更获得认同，也更符合现代人对社交活动的需求。

2. 创造属于自己的社交群体

现代很多人不喜欢同他人打交道，只知整日沉浸在互联网上，看似进行着各种社交讨论，在各种社交圈内担任角色。实则，这样的人并没有真正的社交圈。在社交日益巨型化的今天，我们需要做的不是夸大自己的社交，而是使社交精细化，建立属于自己的社交群体。

我们每个人都有自己的生活圈和朋友圈。通常情况下，我们同什么样的人交朋友，就会成为什么样的人。人与人之间互相吸引，也相互影响。

有一句话说："一个人是否成功，不在于你知道什么，而在于你认识谁。"我们也听说过这句话："你想知道自己的价值多少，看看你身边的朋友！从其中选出 5 个人，他们的价值的平均价值就是你的价值!"

人与人之间可以相互影响。如果你同积极正能量的人交朋友，那么你也会日渐走出阴霾，逐渐变得积极乐观。而如果你同乐享安逸的人交朋友，天长日久，你也会变得安逸。

想要成为老板，你就要多同老板打交道；想要有学问，知书达理，我们在平日里就要多接触这样的人；想要获得成功，我们就要多和成功的人接触，从他们那里学习成功的心态。

总之，在明确自己想要的基础上，围绕这个目标，建立一个属于自己的社交群体。从这个社交群体中汲取发展的能量。

3. 在社交群体上寻找优秀的同频人

我们创建了属于自己的社交群体之后，就要积极地从社交群体中寻找我们的同频人。这样的人同我们的频率相同，能够与我们感同身受，产生共鸣。

这个人同朋友不同。在庞大的社交网络上，我们可以称每一个人为“朋友”，真实生活中，我们也可以有朋友。但是，朋友也分很多种，有积极作用的朋友，也有消极作用的朋友；有“话不投机半句多”的朋友，也有“酒逢知己千杯少”的朋友。而同频人就不一样，他是与我们处在相同的频率上，志趣相投、互相鼓励、共同进步的人。

有研究表明，在一个人的社交圈中，有 80% 的人对我们而言是毫无意义的人。通常情况下，这些朋友并不会给我们带来正面积极的影响，也不会给我们的发展带来多大的帮助。除去 80%，有 20% 的人对我们而言是有意义的，他们多会给我们带来积极的影响，向我们传播正能量，当我们做决定的时候，多会站在我们的角度考虑，给我们最为中肯的意见。在这 20% 中，5% 的人对我们的发展有着重大的作用，很多情况下会改变我们的人生。

在社交群体中，20% 的人多同我们处在同一频率上，对我们而言是有意义的人，需要我们花费更多的时间在他们身上，从他们身上汲取积极正能量，促进自我的发展。

为此，我们需要在自己的社交群体上，寻找自己的同频人。在同频人的基础上，扩大自己的社交群体，再寻找优秀的同频人。优秀的同频人更容易对我们产生影响。作为同频人，我们认可他们，从内心深处接受他

们，让我们更加坚定自己。因为优秀，他们在能力、知识、修养、见识等很多方面值得我们学习，会极大地促进个人发展。

在自己的社交群体内，寻找优秀的同频人在一定程度上可优化自己的社交群体，扩大自己的朋友圈，促进自我的发展。

为了寻找到优秀的同频人，优化我们的社交群体，我们最先需要的是优化自己。这里需要明确一点，你是什么样的人，便会吸引什么样的人。

这就意味着需要我们建立属于自己的个人品牌。当下浮躁的社会，很多人都无法安静从容地做自己。这样，人很容易乱了内心，进而找不到自己。对于我们而言，我们需要做到的首先是找到自己，找到自己的闪光点，锻造自己的修养。社会的不淡定，越是内心淡定的人，修为便越深厚，这样的人就越突出，更容易吸引到他人，也更容易找到同自己一样的人。

其次，我们要用自己的魅力征服自己的同频人。在待人接物方面，要真诚，有修养。热心地帮助朋友，向朋友传递正能量。这样才会被他们列入属于他们的20%朋友之内。

在吸引到优秀的同频人之后，我们就要以他们为坐标，对照自己，积极地同他们接触，努力地从他们那里汲取发展的营养。

我们所接触的人决定了我们的人生格局。因此，我们要积极地创建属于自己的社交群体，寻找自己的同频人，向优秀的同频人看齐。在坚定自己的同时，发展自己。

本节要点

1. 巨型社交，有社交等于无社交。

2. 每个人都有自己固定的社交圈，互联网时代，我们需要的不是巨型社交下的沉默，需要小众社交的活跃。每个人都要努力构建自己的社交群体。

3. 在自己的社交群体中，寻找志同道合的同频人，相互影响，共同提升。

4. 优秀的同频人，更有助于我们个人修为的提升。

言多必失、三思而后行——赞美与批评的礼仪

《鬼谷子》中说："言多必有数短之处。"心思再缜密的人，在过多的话语中，就越容易暴露自己，也越容易被他人抓到错误。

我们常说"祸从口出"。很多人常常懊恼，一句话没留意就出了口，没有留意便得罪了别人。弄得别人不舒服，自己也格外闹心。不经过大脑思考的话，很容易出现得罪他人的情况。所以，我们总被人告诫说话前要三思，话要想好再说。

回归到礼仪，话说得过多本身就有些失礼。同他人交往，话说得过多，是对他人的忽视，是不尊重他人的表现。而经过深思熟虑的话，在内容、方式上更容易让他人接受，在语气、情感表达上有礼，更能体现个人修养。

在同他人的谈话中，赞美同批评是南辕北辙的两个方面。赞美的话是蜜枣，批评的话是利剑。人人都希望得到他人的赞美，谁也不希望被批评、被否定。但是，并不是说，蜜枣就好，利剑就对我们没有好处。

赞美和批评相同，说的好与不好，会产生不同的效果。在这里，礼仪是一个关键环节。

1. 赞美也要注重礼仪

能够适时恰当真诚自然地赞美他人的人，一定是胸襟开阔、有容人之

量的人。这样的人，有一双善于发掘他人美好的眼睛，并有接受美好的胸襟。他们多有着较高的个人修养，常常在赞美他们中获得他人的赏识。这样的人多对自己有较高的要求，因为善于发现他人的亮点，常常自省，以让自己变得更好。

每个人对他人的赞美都没有抵抗力，因为赞美是一种认可和欣赏。但是，说出赞美的话并不那么简单。一句话能让人笑，同时也可以让人跳。赞美得好，赞美得得体，会是双方关系的润滑剂，拉近彼此之间的距离。而如果赞美得不到位，再好的语言也将成为正话反说，酸溜溜的奚落。

好的赞美一定要是礼仪周到、话语得体、诚挚真切的。这样的赞美体现我们的风度和胸襟，是一个人修养的表现，让听的人心生欢喜。

我喜欢赞美他人。看到身边的朋友穿了一件漂亮的衣服，做了一个漂亮的发型，同事提出了一个好的创意，我都会给予恰到好处的赞美。我发现当我赞美他人之后，被赞美的人有好的心情，我也会受到对方的赞美，彼此之间的关系也更加融洽。

当然，有时候受到的赞美不一定都是得体恰当、让我心生喜悦的。通常情况下，遇到好的赞美，我会更加自信，在以后也更加注重个人的修养。而如果遇到不甚恰当的赞美，我也只是莞尔一笑，在心中告诫自己，不要在赞美他人中失礼。

总体来说，赞美他人时要做到真诚自然、具体明确、适度恰当、得体优雅。

（1）赞美要真诚自然

真诚自然的赞美，更容易让人接受，它不虚伪、不做作。

我们的赞美要发自内心。从内心深处发现对方值得赞美的闪光点，如从外貌、举止、气质、品德等入手，这些闪光点一定是存在的，而不是你无中生有、随意捏造的。

发现对方的闪光点，一定要确保自己能从心里接受，不嫉妒、不牵强，发现并接受他人的优点，这样的人胸襟开阔，更有涵养。

（2）赞美要具体明确

不够具体明确的赞美是空洞生硬的，这样的赞美无法打动人心，还很容易让对方觉得你在敷衍他。

赞美一定要具体明确，赞美一个人的好，不能只单单地说出一句“你真好”，要说出对方好在哪里；赞美他人外貌出众，也不能含混不清地说一句“你真漂亮”，要具体地描述，如五官精致、肤白貌美，最好能说出同他人不一样的地方。

赞美具体明确，更显真实，也更诚挚，更体现一个人的真心实意。

（3）赞美要适度恰当

赞美要适度恰当，恰当的赞美才足够得体，更能体现我们的风度。赞美的时候，不可言过其实。过分地夸张与恭维，不是赞美，是拍马屁，很容易让他人怀疑你的真心，同时觉得你是曲意逢迎、虚伪做作的小人。

（4）赞美要得体优雅

赞美他人的时候，言语、动作都要得体优雅，这样才能充分体现我们的欣赏，体现我们的风度，让他人觉得你是诚挚而真切的。

作为被赞美者，我们在面对他人赞美的时候，也要注重礼仪。

对于赞美要谦虚，不可表现得扬扬得意，也不可觉得他人欣赏自己是应该的。不谦虚的人，总会停留在浅显的层次上，无法触及深刻的东西。因为谦虚，更容易骄傲，在言行举止方面容易表现得高人一等。这样的人，涵养不足，不易让人佩服。

当然，面对赞美我们也不可谦虚过分。我们身边大多数的人在面对他人赞美的时候，总会在第一时间极力地否定自己。这样，虽然谦虚，但是实际上容易失礼。因为这样是对他人判断和眼光的否定。同时，过于谦虚容易显得自己虚伪，也显得不够自信。

所以，面对赞美的时候，我们要大方地坦然接受，不炫耀、不自我否

定，报以真诚而自然的微笑，并在合适的场合用合适的话语挖掘对方的亮点，这样便是最好的礼仪。

2. 注重礼仪的批评更容易为他人接受

同赞美不同，批评总会让人心生不悦。如果赞美是一颗糖，批评就是一剂苦药。可是，良药苦口。但是，正是因为它苦，很多人拒绝，并且对强硬让自己喝药的人深恶痛绝。

赞美需要礼仪，批评更需要礼仪。有礼的批评更能体现一个人的修养与风度。在生活中，我们常见批评。可是，正是因为对方批评的不恰当，让我们心生愤懑，生气不接受，显得自己没有风度，而接受了，总觉得心里有些委屈。这些都是批评时没有做到礼节的原因。

在批评他人的时候，我们的礼仪要到位。

（1）以尊重为前提

在批评他人时，批评者要做到对事不对人，对被批评者给予充分的尊重，不可进行人身攻击，更不能言语讽刺。这样显得很没有素质和修养。

（2）语气要柔和

很多人在批评他人的时候，总是疾言厉色，让被批评者心里很不舒服，更不愿意从内心接受。这种批评的方式是不正确的。会批评他人的人，很注重利用自己的语气，柔和中透出不容不接受的力度，有理有据，说得你口服心也服。

（3）以理解为基础

在理解的基础上的批评更能照顾被批评者，我们要理解他人做事的动机，理解他人犯错误的心情。在批评的时候，说上一句“我理解你现在的心情”，能够很好地缓解因为批评而带来的不愉快氛围，这样较有同情心，也更容易为他人接受。

批评他人时，不要在言语上苛责，说话时对他人留有情面，不可抓住对方的错误不放，也不要喋喋不休。

同时，我们的批评要分清场合，人越少越好，尽量选择没有第三者在场的场合。切忌不分场合地旧事重提，这样显得很没有修养和胸襟。

作为被批评者，我们在面对他人的批评的时候，更要注重礼仪问题，以充分体现个人修养。

面对他人批评的时候，不可恼羞成怒。对待他人的批评要虚心接受，认清自己的错误和不足的地方。当然，这种接受不是口头言语上的表达，而是心悦诚服地自我对照和自我改正，这样才能变得更好。如果对方的批评不符合实际，或者双方之间存在误会，要学会澄清自己，将误会解除。

本节要点

1. 言多必有数短之处，言多必失，说话同做事一样，一定要三思。

2. 赞美他人，要真诚自然、具体明确、适度恰当、得体优雅。接受他人赞美的时候，在谦虚的同时，要大方自然地接受。

3. 批评他人要有礼，以尊重为前提，理解他人，批评时要分清场合，语气要柔和，不可过分苛责，更不可紧咬不放。面对他人的批评时，不要恼羞成怒，对的虚心接受，错的委婉提醒，有礼地为自己辩护。

正能量的人，大家都喜欢

1. 传递正能量，也是一种礼仪

你的身边有没有这样一种人？看长相嘛，倒也挺阳光、挺漂亮的，但就是让人感觉晦气，就是让人喜欢不起来。因为他/她看起来整天都愁眉

苦脸、面容惨淡，一开口，便是最近遇到的糟糕事情，口中止不住的抱怨和烦躁！有这样的人在身边，你会有什么样的感觉？恐怕不管在工作中还是生活中，都会让你一天的好心情消失殆尽。

像我这个年龄段的人，可谓是上有老下有小，工作家庭两手都要抓，忙着今天的事，操着明天的心。如果我烦心的话，如果我想抱怨的话，那么可能会说上整整一天不重样！上午对家人发泄一通，下午又同朋友诉苦一番，浪费了时间、消耗了心力，问题没有丝毫解决，还把自己和周围的人都弄得无比郁闷。

在这个花花绿绿的现代社会中，哪一个人没有烦心事？不要总认为自己比别人倒霉，把自己想象成悲剧主人公，这样怎么可能会有良好的精神面貌呢？更不能像鲁迅先生笔下的祥林嫂一样，整天絮絮叨叨，同样的话题说了一遍又一遍，而自己又不采取任何行动，做出丝毫改变。第一次、第二次的时候，其他人可能还会愿意认真听你倾诉，安慰你一番，而如果喋喋不休，那么任何人都会厌烦，最后对你不理不睬、避而远之。

心理学中有句话，“一份快乐两个人分享，就变成了两份快乐；一份悲伤两个人分担，就变成了半份悲伤”。在生活和工作中，我们难免会碰到烦心事，心里难受时找他人倾诉，这本身没有任何问题，但一定要分清对象、分清场合、适可而止。

我们可以去找自己亲近的家人、朋友倾诉，而不是不管见到谁都要吐一肚子苦水。现在，随着互联网越来越普及，个人社交的途径也越来越多，于是有许多人喜欢在QQ群、微信朋友圈中随时发泄自己的不满，实质上这都是很没有礼貌的行为，朋友圈的人对这种行为也不会喜欢和认同。在倾诉完自己的不满和郁闷后，就要迅速调整好心态，将这一页翻过去，而不要揪着一个问题来回绕圈子，这样既浪费他人的时间，也影响他人的心情，这不是值得提倡的文明交往礼仪。

相反，当我们全身上下充满了正能量时，既能在日常交流中展现出最佳的精神状态，也能在他人感到郁闷时用乐观积极的态度和言语去开导对方，让对方快速走出阴霾，重拾好心情。

除了外在的形象，一个人内在的精神面貌也能对他人的认知和感受产生很大的影响。你是喜欢一个每天乐呵呵的人还是喜欢一个总是愁眉苦脸的人？我想没人愿意变成其他人的出气筒，大家都是一样，所以保持正能量，就是对他人的一种礼仪。

2. 正能量气场，终会为你加分

正能量，在心理学中指的是一种健康乐观、积极向上的动力和情感，一些催人奋进、给人力量、充满了希望的人和事，都可以贴上“正能量”的标签。在这个物欲横行，变得越来越快速化、功利化的社会中，越来越多的人会感到力不从心，内心“压力山大”，而正能量在这种环境下也就更加难能可贵。

正能量，能为一个人带来最佳的精神状态，能帮助一个人乘风破浪、披荆斩棘。当你在生活中突遭变故，当你在职场中陷入瓶颈，失落、恐惧和怨恨都无法使你从中摆脱，只会让你在失败的泥沼中越陷越深，无法自拔。但是，正能量的心态却能为我们带来自信、勇气，带来无所畏惧、活力十足的动力，而这些，才是使我们的生活和工作迎来转机的最重要的因素。

正能量的人，总是容易相处的，他们不会为一点小事而始终耿耿于怀，他们会更多地关注他人的优点而不是揪着他人的缺点不放。无论是在生活还是职场中，这样的人总能建立更和谐、更稳固的人际关系网络，总能获得更多朋友和同事的信任和喜爱。

在现代社会中，公众普遍性地容易陷入一种焦虑的心理状态，人们会为一无所获而感到愤怒，会为期望落空而感到悲伤，会为前途渺茫而感到恐惧。这些都是负能量的表现，这些负能量不会给我们的人生带来丝毫帮

助，只会使我们越来越偏离既定的前进方向。

假如说每个人的人生就像一辆行驶中的汽车，那么负能量就像劣质的汽油，不仅会使我们跑不快，时间长了还会对我们自身造成无法挽回的损害，最终出现故障抛锚。而正能量则如同优质的汽油，会使我们动力十足地在人生道路中前进。

西方有句话，“霉运竖着耳朵，哪些人念叨得多一些，他们就喜欢找谁”。可能有些人听后觉得这只是迷信，但事实可并非如此。比如我们在做某项工作时，由于各方面的原因，最后失败了，但我们没有去总结归纳原因，力求今后能做好，而只是将自己的失败一味地归因于外在因素，或是抱怨自己为何这么不走运，陷入一种烦躁、不安的不良工作状态中。结果可想而知，接下来的工作也不会完成得很好，进而让自己更加“倒霉”。

一个心智成熟的社会人，应当认识到，生活本多愁苦，遇到困境根本不值得单独拿出来说事。我们每天都会遇到新的问题，遇到让自己手足无措的状况，但是这些都不妨碍我们笑对困境、笑对他人、笑对世界。正能量能够带来最佳的心态，可以帮助你更好地突破自身、解决问题，让其他人纷纷为你竖起大拇指。

通过微信、微博等社交工具发表内容、表达观点意见成了许多人乐于使用的方式。我的朋友圈中也有许多极具正能量的人物，他们总是能以发人深省的言语或故事将各种问题大事化小、小事化无。记得有一次，两个朋友在言语上发生冲突，闹得很不愉快，相互不搭理。有一个朋友就发表了这样一个故事：瑞典沃尔沃总部有2000多个非固定停车位，早到的人总是把车停到最远的地方。问原委，他们说是为了让晚到者可以尽快进入办公楼工作。他评论道：如果我们都这样为他人多着想一点，可以少许多摩擦，让相处更融洽。许多朋友都纷纷点赞、发表评论，那两个闹别扭的朋友在这种氛围的影响下也反省了自己的言行，最终重归于好。

3. 自我激励，人生没有那么痛苦

想要展现正能量气场，想要成为一个正能量的人，就是要时刻进行自我激励，不管遇到什么困境和挫折都能一笑而过，或是果断地采取行动，而不是自怨自艾，不断地向周遭散播负面情绪。

为什么人们总是容易陷入负能量？主要是因为自我激励很难，至少远比抱怨要难！抱怨实在太简单了，人生来就会，张口即出，遇到问题，动动嘴皮子，发发牢骚，都不用打草稿。但是自我激励却不同，自我激励是要正视问题，是要努力去解决问题、突破困境，这是一种自信，是一种自我进化，并非所有人都能轻易获取和展现这种勇气与毅力。

许多人在濒临退休时都容易产生焦躁不安的情绪，觉得自己老了、不中用了，逐渐会被别人遗忘。但是有一位在企业里身居高位的领导濒临退休之际，就发表心情说："荣誉的最高境界是，你已远离江湖，但江湖还有你的传说；生命的最高境界是，哭着来，笑着走。"所以，没有过不去的坎，无论是物质上还是心理上，用乐观的态度进行自我激励，可以消除或减轻许多无谓的痛苦。

许多人看到别人升职加薪了就嫉妒，受到一点批评就想辞职、跳槽，工作中有什么不顺心的就埋怨领导、埋怨公司，这样的人，不可能受到领导的重用，受到同事的欢迎，他自己在工作中也注定不可能有所进步、有所成就。这些工作中的问题几乎都是共性的，几乎每个职场人士都会遇到，只有不断地进行自我激励，告诉自己可以做到更好，如此你才能真正地去避免和解决这些问题，才能真正向前大跨步地前进。

4. 不管好事还是坏事，都能提炼正能量

传递正能量，不是只"报喜不报忧"，对生活中、社会中的一些不良现象视而不见。一件事情、一个观点，究竟会产生正能量还是负能量，关

键取决于你看待问题的角度。一个心态积极的人，看待任何问题都能从正面的角度去阐述和解释，而一个心态消极的人，无论多么振奋人心的事，他也会感到闷闷不乐。

那些原本在现实生活中籍籍无名，却在网络世界中一跃成名的网络大V们，他们之所以能够获得无数人的关注，主要就在于他们能够发出有价值的信息，写出对他人产生积极效应的正能量信息。这些网络大V也并非只是发布一些感人至深的事件，他们也会发布一些社会中遭人鄙视和谴责的丑闻。不过，他们对这些不良现象的解读，却是以杜绝不良现象、呼吁网友采取正确的行动作为出发点的。如果某位人士在发布一些社会丑闻之后，只是不断地诉说社会的不公，表达对社会的不满，那么恐怕不会有多少人愿意去关注他。

所以，缺乏正能量的人，不是因为他生活在更恶劣的环境中，而是他不愿意从真、善、美的角度去看待万物，不愿意采取积极的行动去改善现状，所以他们才看一切都那么不顺眼，做任何事都觉着不顺心。

本节要点

1. 正能量不仅是一种精神状态，也是一种礼仪。
2. 正能量能为你的生活和事业带去积极的作用。
3. 获取和展现正能量的关键，是要勇敢聪明地进行自我激励。
4. 到处都有正能量，关键是看你去如何寻找和发现。

第六章

互联网时代的国家形象

经济和交通的发达，让我们出国旅游的机会增多。然而，很多人把自己带出国的同时，也把不文明的行为带去了国外，给自己和国家带来了很多负面的影响。对于我们而言，出国旅游更应注重礼仪问题。因为，我们代表的不仅仅是自己，更是我们的国家，作为公民，应该尽力维护国家的形象。

排队是最基本的礼貌，其实你没那么着急

1. 排队乱象，虽小但很“丑”

我的一位朋友曾经讲述了这样一则“冷幽默”：他有位外国同事，平时说话很风趣，有一天，他去公司食堂的路上碰到这位外国同事拿着饭盒回来，便问他：“排的队伍长吗?”对方微微一笑，答：“不长，但很粗。”

尽管这位外国友人很幽默，但我听过后实在有些笑不出来。排队乱象，在我们国家似乎成了一种“正常现象”，我们平时看到乱排队、乱插队的行为时甚至都不会觉得奇怪，不会去抱怨。但像这样被其他国家的人当面指出，实在是让人感到羞愧无比。

排队是小事，有序排队理应成为每一个公民都自觉遵守的“公约”，这样的小事想不到、做不好，才更说明了许多现代人礼仪涵养与公德意识的严重缺失。

2. 排队有序，展现的是国家和民族形象

排队问题一直是中国游客难以克服的“老大难”问题，这种问题不仅普遍存在于国内的诸多景点中，甚至还被许多去境外旅游的中国游客带到了国外，“展现”到了外国人眼前。在国外知名旅游城市或景点中，在绝大多数人都能展现井然有序的排队秩序时，国人这种不文明行为显得格外扎眼。

如今，国人的生活水平越来越高，出国旅游也成了一种新时尚，但遗憾的是，有许多国人的精神素养却未能跟随物质生活的提升而提升。而国外的许多旅游行业相关人士面对着这些来自中国的“金主”们，也常常持

着矛盾的心情。一方面，广大的中国游客确实给他们带来了巨大的利益；另一方面，中国游客不讲秩序的无礼行为也为他们的工作带来了许多麻烦和负担。

法国康辉旅行社总经理在一次接受记者访谈时，就曾大吐苦水："有一次，我送朋友到机场去办理退税，一位中国游客在队伍里排着，结果好多中国游客纷纷'加塞儿'，最后总计有 11 人成功插队。一开始，排在后面的法国人还觉得无所谓，不过插队的人到四五个的时候，开始郁闷地小声抱怨，而最后 11 人全部插队进来后，这位法国人实在忍无可忍，于是跑到办事窗口投诉。在言语调解未果后，退税窗口的工作人员无奈只得强令插队的中国游客重新排队，否则就停止办公，这才使这场风波平息了下去。"

国人做事喜欢三五成群，但是这种"团结意识"用的却不是地方。在国外人生地不熟的地方旅游，想和自己认识的人在一起，这可以理解，但不能为了在一起就随意破坏秩序，将自己的不文明行为更加扩大化。当我们想和认识的人在一起排队时，可以向后面的人说明后一起排到后方，而不是让他人随意插在前面。

一些在新加坡生活多年的华侨也坦言，经常看到中国游客就餐时不按秩序排队、一哄而上，让他们感到很难堪。他们以自己身为中华儿女而自豪，但是同胞的不良行为却将他们的自豪感屡屡粉碎。

而作为我国近邻的日本，在排队上展现出的却是截然相反的状况。我在一次去日本旅游的过程中，正巧遇上某电子公司的新品发售，许多商店前都站满了等待购买的人群。但是，没有人拥挤和喧闹，即便没有商场的工作人员在现场维持秩序，引导消费者排队，也没有出现丝毫的混乱状况。不仅如此，自觉排队的人群还会进行"自我调节"，当队伍排到一定的长度，可能会延伸到马路上影响通行时，他们会主动地转向，排出 S 形的队伍。如果排队的人数实在太多，在末尾的人群则会到附近的其他商店

暂时等候，而不是给现场增加压力。这所有的一切，都是建立在完全自觉自愿的基础上的，对于在国内见惯了各种不文明排队现象的我来说，算得上是一种“奇观”。

当时陪在我身边的一位当地朋友说，日本是一个特别习惯于排队的民族，无论在任何状况下，后来的人都会自觉地排在末尾，几乎成为一种条件反射。而这种理所当然般的条件反射，也正是秩序意识深深扎根的表现。

排队是否文明，展现的是一个国家、一个民族整体素质的高低，这绝非夸张的说法。“勿以恶小而为之，勿以善小而不为”，真正困难的正是将每一件小事做好，我们觉着无关紧要、习以为常的小环节，可能正是他人进行评价的关键点。

3. 排队无序，不是因为急，而是不懂礼

我们国家是一个人口大国，高密度的人口从某种层面上也助长了排队乱象的形成。在国内，买票、购物、看病、用餐，去做任何一件小事可能都要面临眼前让人“绝望”的长队。在这种情况下，就难免会有一些人为图一时之快，图一时之方便，动用各种不文明行为破坏应有的排队秩序使自己从中获益。而这种不公平行为自然也会引来许多人的效仿，进而演化为一种社会上的不良现象。

特殊的国情给许多不守秩序的人提供了各种各样的“借口”，比如，“我赶时间”“我有特殊情况”，但是，这些借口都无法使不文明行为正当化。有时候，不守秩序的行为反而会让你浪费更多时间，而更多时候，你其实并不是真的需要提早那么一两分钟。

我国的知名主持人杨澜曾讲述过一段尴尬的经历：当时，她正在某发达国家参与一场活动，在休息时间，她在会场旁排着长队等候上卫生间。在排队的过程中，有几名亚裔女青年旁若无人地直接插队进入了卫生间，

当时排队的人群就开始议论纷纷。而当这几名女青年离开时，认出了杨澜，还特别兴奋地同她大声打招呼。当时正在排队的当地人在得知了她们的国籍之后，用十分无奈和鄙夷的口气说了一句“Chinese（中国人）”，让杨澜感到无地自容。

大家看，这几名女青年的不文明行为，不仅折损了自身的形象，还使得同胞受辱，让国家因此蒙羞。而究其根本，并非因为她们很急，而是因为她们缺乏修养、不懂礼仪。排队等候的人，都有同样的需求，如果你真的有特殊情况，那也应该向正在排队等候的人简要说明情况，并尽可能征得他人的同意，而不是理所当然似的去插队，这样的行为无法让人苟同。

我们以前都学习过周总理在食堂自觉排队等候用餐、列宁在理发厅自觉排队等候理发等众多事例。日理万机的国家领导人都能不搞特殊耐心等待，我们又究竟有多么繁忙而使自己没有时间去排队呢?

事实上，有序排队不仅是为了展现一个良好的形象，营造一个稳定的公共氛围，也是一种在很多情况下使全体效率最大化的解决方式。如果所有人都能够不急不躁，严格遵守排队秩序，那么实际上能够让所有人以最高的效率办好相应的事情。

4. 排队，不只是沉默的等待

排队只是区区小节，似乎无须赘言去学习和掌握的，但许多不起眼的细节恰恰能从侧面反映出一个人的人格。

我们在排队的时候，最基本的准则是要自觉，不要把排队当作一种浪费时间的负担，也不要被他人提醒和要求之后才去不情不愿地排队。当看到井然有序的队伍时，就应当主动地找到队伍的末尾，按照队形等待。

先来后到，依次而行，这是排队的基本顺序，不要试图后来居上，让自己成为“砌墙的砖头”。不仅自己要做到不随意插队，也要做到不让自己熟识的人随意“加塞儿”。

在排队时应当注意保持间隔，一般情况下与前方的排队人员应当保持半米左右的间隔，如果排队人员很多，空间又很有限，可以适当缩短间距，但一定不能拥挤到前胸贴后背，否则不仅会让他人很不舒服，也会影响他人正在做的一些事情。当队伍前进时，应当及时跟进、缓步而行，不要呆立在原地。

如果有人需要横穿排队队列，应当主动礼让，在对方通过后再归队。如果有事情需要临时离开，可向自己前后方位置的人说明情况，请对方为自己保留位置，待事情办完后，向对方再次说明并致谢后再归队。

在排队等待的过程中，可以看书、看报、玩手机，或是和认识的人轻声交谈，但是不要大声地嬉笑、喧闹，也不要隔着人进行交谈，等待中应当沉稳、有耐心，不要频繁地摇晃、跺脚、叹气，表现出非常不耐烦的样子。

在一些特殊的场合中，也要遵循特殊的排队礼仪。比如，在银行排队时，无论在柜台还是在自动取款机前等待，都应当严格按照工作人员的指引，不要随意跨过一米线，也不要随意伸头窥视或上前询问前方人员的业务办理状况，在对方还未完全起身离开前，不要急匆匆地上前抢占座位，这些都是很不礼貌的行为。再比如，在餐厅排队等待时，不要敲击碗筷，制造不雅的声音和氛围，这是很没有教养的表现。

所以，无论是在国内还是在国外，无论是旅游还是工作，都应当在每一个公众场合将排队这项最基本的礼貌贯彻到底，严格遵守相关的排队礼仪规范。平和自己的心态，展现出临危不乱的“大将之风”，不要为图一时之快就透支自身的涵养，透支国家和民族的形象。

本节要点

1. 文明排队不容忽视。

2. 排队时严守秩序，不仅是在表现个人的礼仪修养，也是在展现国民素质。

3. 不要把焦急当作不文明的借口，紧急情况同样能做到有礼有节。

4. 排队虽然人人都会，但仍有许多细节需要学习和注意。

坐上飞机（火车）的一瞬间，你代表的不是你一个人

1. 飞机和火车，是出境的必经之所

如今，整个世界的交通网络、交际网络都在不断地繁荣与完善，到国外出差、旅游逐渐成为一件稀疏平常的事情。而无论是出境办事还是游玩，飞机和火车都是我们最常选择的公共交通工具，从境内到境外，飞机可能是我们的第一选择，而在境外不同地区间旅游，则更多地会选择当地的火车。

在境外或前往境外的这些交通工具中，我们的同行者、相关的工作人员肯定是来自不同的国家，所以，我们的一言一行都代表了整个国家的形象。当你做出不文明行为时，人们不会在心中对你个人评头论足，而是会对所有的中国人评头论足，做出不佳的评价。

最近两年，在飞机及火车上屡屡爆发的中国游客不雅行为和恶性事件，其中有不少都引发了相当严重的后果，致使所有中国游客都被其他国家列入了需要“重点关照”的黑名单中。如何在这些需要安全、平稳环境的交通工具中，遵守最基本的礼仪规范，如今已经成为一个国民性的问题。

2. 乘机、乘车礼仪，等候时就已经开始

不仅仅在飞机和火车行驶中，在等候的过程中，中国游客同样让人

“不省心”。2013年，在新加坡机场上演的“抢机位大战”，又一次使中国游客“扬名世界”。

在新加坡机场，廉航自由席登机是不需对号入座的，基本上是谁先上飞机，谁就先占座位。话虽如此，实际上销售的机票是严格控制的，所以，每一位乘客都能保证有座位，完全没有拥挤和哄抢的必要。

当时，有几个中国的旅游团队提前了2个多小时到达了机场，在各种手续办理完毕后离登机仍有1个多小时，于是机场工作人员引导旅客到休息区等候。其中，最早办完手续的团队虽然早进了休息区，但却坚持用行李“排队”，于是沿着登机口将行李一路蜿蜒地排了起来。其他团队的人看到后也依样学样，行李队伍很快便壮大起来。

等到达登机时间时，一般工作人员会安排残疾人、带领婴幼儿的人和老年人优先登机，但中国游客们显然不理会这些，纷纷上前争抢自己的行李，场面顿时混乱起来。有拿错行李的、有摔倒的、有大声呼喊的，工作人员用广播进行劝诫和引导也没能取得很好的效果。当时在场的中国游客有150名左右，黑压压的一片互相推搡，而一旁的几名外国游客则看得哈哈大笑。

外国人把这起事件当作笑料，而我实在是笑不出来。国人总是将这股“争强好胜”的劲头用在没有意义、毫无作用的事情上，甚至不分时间、不分场合，在其他国家的公共场合暴露着自己的“丑态”，给整个国家和民族抹黑。

无论是机场还是火车站，当我们进入其中的那一刻起，就要开始注意自己的行为。

一般，飞机和火车都会预留一些时间要求旅客提前登机或上车，我们也应当尽可能提前到场，如果遇到雨雪等不良天气，更要准备充足的时间以防不测。如果因自己的原因没能赶上飞机或火车才去大吵大闹，不仅解决不了任何问题，也是失礼甚至违法的。

搭乘飞机和火车时，一般对个人携带的行李都有一定的限制，尤其是飞机，对行李的重量、种类都有严格的限制。火车的限制相对宽松，但也不应携带过长、过大的物品，否则不仅自己携带不方便，也会给其他乘客带来困扰。

无论乘坐飞机还是火车，安检都是必须经历的环节。安全问题应当放到首位，不要拒绝安检，更不要为图方便从安检门以外的地方进入。要主动配合安检人员的工作，将有效的身份证件、车票或机票等事前准备好，交由安检人员查验。对于手机、钥匙等特殊物品，可事先放入指定位置，待通过安检后再取回。当安检人员对自己所携带的行李物品产生质疑时，应当心平气和地积极配合，若确实有违禁物品，应当按照相关规定妥善处理，而不是妄加争辩，扰乱公共秩序。在乘坐飞机时，对于乘客携带的各种物品的总量是有较为严格的要求的，最好能提前进行询问了解，以免到时手忙脚乱。

在候机室或候车室休息等待的过程中，一个人应当只坐一个座位，不要将行李放到座位上，更不要霸占多个座位甚至躺在座位上。在休息区，不要大声喧哗、到处跑动、随意地脱衣脱鞋，影响他人休息。候机室和候车室一般都设有专门的吸烟区，如有需求可以前往，而不要在大厅内随意抽烟。

飞机和火车晚点，都是比较正常的现象。当这种状况发生时，我们应当按照工作人员的指示耐心等待，不要乱喊乱叫，试图煽动不满情绪。

在登机或登上火车时，面对空姐或乘务人员的欢迎和接待时，应当有礼貌地微笑点头致意，对他们的工作表达最基本的敬意。

3. 飞机和火车是个临时大家庭，需要共同维护

在登机或进入车厢后，应当对号入座。飞机通常分为头等舱和经济舱，火车通常分为一等座和二等座，不要因为头等舱或一等座的人数较少

就随意抢占位置。如果自己有特殊情况需要调换座位，可在征得相应乘客的同意后，请乘务人员予以调换。

在飞机和火车开动前，乘务人员通常会进行一些基本事项和安全知识的讲座，我们应当耐心听讲。如果你已经了解了这些内容，那么也不要发出噪声，影响其他乘客听取。在飞机飞行过程中，应当关闭手机、游戏机、电脑等电子设备并严禁使用，以免对飞机的仪器和系统造成干扰，酿成严重后果。同时，在飞机上也要严守“禁止吸烟”的规定。火车上可以抽烟，但也应到指定的抽烟区或洗手间，而不要在座位上。

在飞机和火车行驶过程中，乘客可以看书看报，也可以和邻座的乘客进行交谈，但不要隔着座位说话，也不要前后座说话，同时说话的声音不宜过大。在座位上要尽可能保持安静，不要左顾右盼，也不要跷起二郎腿不停地抖动，这些都很容易引起他人的反感。当需要进行移动时，要快速但不要奔跑，不要长时间占据过道，妨碍他人通行。

在飞机和火车上用餐时动作不宜过大，避免将食物、汤汁等溅到他人身上。最好不要吃带皮壳的零食，或者也可以自备垃圾袋将零食的残渣随时收好。飞机和火车上都是可以饮酒的，但更多的只是为促进饮食、改善心情，自然不能像在酒店中一样推杯换盏，更严禁喝得醉醺醺的。

飞机和火车上提供的一些非一次性物品都严禁外带，比如餐具、毛毯、耳机等，之前就有一位中国游客试图拿走飞机上的30多套不锈钢餐具而和空姐发生了争吵，最后受到了其他乘务人员的严厉警告和斥责，造成了十分不好的影响。

由于旅途劳顿，为了能更好地休息，可以脱下鞋子进行彻底的放松。脱鞋行为本身并不失礼，但不能因脱鞋“污染”空气而给他人带去不快。所以，在搭乘飞机和火车前，可以换一双新鞋和新袜子。如果这样仍不能去除异味，可以到洗手间进行清洗、更换，并将换下的鞋袜密封后放好，这样就不会失礼于人了。

在使用洗手间时，应当按秩序排队等候，在使用过程中也要注意清洁，因为在飞机和火车行驶过程中都是不便清扫的。若有晕机或晕车的感觉时，应当提早前往卫生间，或者是准备好清洁袋，如有其他问题也可以呼叫乘务人员寻求帮助。

当遇到飞机改降、迫降，火车紧急停车等突发状况时，不要紧张也不要焦躁，更不能随意地向乘务人员发火，这样做对整个事态无济于事，只会造成更多的麻烦和混乱，同时降低自身的格调。

4. 将礼仪进行到底，不要虎头蛇尾

当到达目的地后，务必要等飞机或火车完全停稳后，再起身拿行李，避免摔倒或伤人，并依次序走出去。如果自己托运的行李找不到，可通过工作人员帮助查寻，并耐心等待结果，即便真的丢失，机场和车站也有一套严格的规章进行赔付，不必要惊慌失措或无理取闹。在走出机场或火车站时，也要按照相关的规定进行检查或办理相应手续，不要试图逃避检查，在最后的时刻放松对自己的要求。

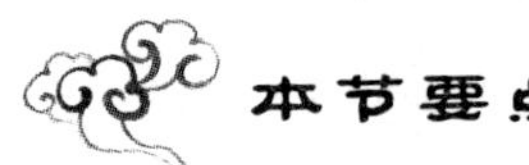
本节要点

1. 在出境的飞机和火车上，不文明行为会对许多人造成不良影响。
2. 登上飞机或火车前，在站内就要时刻注意保持文明言行。
3. 文明乘机和乘车，能为自己和他人构建一个良好的旅途环境。
4. 没有走出机场和车站时，不要忘记相关的礼仪行为。

尊重不同国家的风俗习惯，别人才会尊重你

1. 尊重不同国家风俗习惯的重要性

出国旅游，应尊重当地的风俗习惯，这样才能够快速融入其中，为旅行带来便利，也能减少一些摩擦与麻烦。因为，身在国外，我们代表的不再仅仅是自己，而代表着国家的形象，如果举止不文雅，不尊重当地的风土人情，会引起当地人的排斥，如果性质恶劣，则会发生冲突与矛盾，从而导致国与国之间的关系紧张。

例如，在埃及旅游时，因为不了解当地的风俗习惯，一些中国女游客身着超短裙、吊带装等过于暴露的衣服。在国内，这样的穿着不会引起人们的不满，而在埃及，对信仰伊斯兰教的穆斯林来说，女性在公共场合不能穿过于暴露的衣服，这样穿就是对他们的不尊重，尤其在游览清真寺时更要注重着装。

出现这种情况是因为在准备旅游之前，没有对要去的地方有一个清晰的了解。现代人去旅游比前些年更加随意，随时可以来一场说走就走的旅游。但是，由此而引发的问题也不少，因为对要去的地方缺少了解，很多民俗风情都不清楚，容易造成误会，引起当地人的不满与厌烦。

因此，在去某个地方，尤其是国外旅游时，通过翻阅书籍或网络来了解某地的民俗习惯，在旅游过程中注意这些风俗习惯，时刻约束自己的行为，不仅可以更好地融入到当地的环境中，感受全面的异域风情，还能赢得当地人的欢迎，为此次旅行留下美好回忆。

境外旅游尊重他国的民俗习惯，具有重要意义。出去旅游是为了放松、开阔视野，为了能有个美好的假期，应注意自己的言行举止是否符合当地的风土人情。这样做可以拉近与国外友人的关系，赢得相互尊重，使国与国之间的关系更加紧密。

2. 从不同的方面注意其他国家的风俗习惯

每个国家的风俗习惯不尽相同，有些行为在一个国家里面代表礼貌，但在另外一个国家做同样的举动，就显得不合时宜。不同的国家有不同的行为礼仪，在一个国家适用的礼仪，在另外一个国家往往不适宜。尊重不同国家的风俗习惯，就是要尊重这种差异性，在不同的国家表现不同的行为礼仪。

在中国，乘坐公交车或地铁等公共交通工具时，给老人让座是一种礼貌，我们国家非常提倡这种行为。但是，在日本让座就需要注意一些细节，否则就会适得其反。在日本坐地铁，如果中途上来一位老人，旁边都没有座位，我们想要让座的话，可以主动站起来站到一边，让他/她自由选择坐与不坐，而不能有任何指示性的语言让老人坐下来。因为，如果这样的话，就会让他/她觉得你是嫌他/她老，没有用了的意思。

这个事例说明，如果到国外旅游，要通过观察国外的本地人的行为举止，了解哪些行为是合适的，哪些不合适，避免好心办坏事。否则，不仅会给他人带来不愉快，自己也觉得相当委屈。

还有一件发生在荷兰阿姆斯特丹的事情。

有一位中国游客随手拍下了街头艺人的照片，拍完准备走的时候，却被街头艺人拦下了。经过长时间的交涉，才知道是要钱。因为，在阿姆斯特丹给他人拍照需要给一定的金钱。那位街头艺人要求中国游客要么给钱，要么删除照片。

可是，那位中国游客却连连摆手，示意不会给钱，也没有删除照片，就匆匆走掉了。

这是一件很小的事情，但是，足以看出一些中国游客没有入乡随俗的

观念。在了解了真相后也没有付出实际行动，是不尊重对方国家特殊的风俗习惯，这样做也会让对方不尊重自己，造成彼此的误解，对整个中国人的形象也有所损害。

目前，很多国外的公民对中国游客有很多不满，批评中国游客不注意自己的言行举止，做出很多不文明行为。其实，很多时候，并不是中国游客举止粗鲁，不讲礼仪，而是因为文化的差异，让一些中国游客无所适从，因为不了解，反而觉得国外友人很奇怪。如果这种情况一直维持下去，双方不去互相谅解，那么，只会让误会越来越深，最终导致不好的结果。

还有一件事情，我去邮局拿包裹，在邮局门口看到两个欧美小伙子，穿着拖鞋，衣服撩起，蹲在地上，一个人吃着冰棍，一个人吃着红薯，看样子像是背包客。然后，又走过来一个老太太，我想，这个老太太肯定会说他们的行为不雅观之类的。没想到，老太太对我说，你看人家小伙子，这么年轻就出来历练了。

然后我就想到，如果是两个中国小伙子以同样的造型出现在巴黎街头或纽约街头，别人看到肯定会说这是不文明行为。为什么会出现这种情况呢？中国人看老外做什么都觉得很时髦，是正确的，而看中国人自己就觉得哪哪都有问题，不得不说这是一个心态问题。

首先，是中国人自己的不自信，让国人极其敏感，对一些标新立异的人嗤之以鼻，觉得他们是在损害中国人的形象。这种不自信心理让国人畏首畏尾，害怕做很多事情，看到他人做自己想做而不敢做的事情后，不是去称赞而是去诋毁。其次，就是中国人对外国人的盲目崇拜，心理上认为他们做什么都是如此恰当，才会导致对他们的盲目信任，认为他们的穿着、行为都是最好的。

而且，中国人容易轻信流言蜚语，一个人说国人素质不高，其他人就会一起感叹，认为说得很对。同样，说外国人素质高也是一传十，十传百，这才形成了这样的局面。不尊重别国的风俗习惯，会得到他人的指责，而不尊重自己国家的风俗习惯，认为一些传统文化都是落后的思想，这种心态是不正确的。尊重他人，从尊重自己开始。不尊重自己的人，怎么能赢得他人的尊重。能够充分尊重自己国家风俗习惯的人，在国外也自然会去遵守别国的风俗习惯，这是一种尊重文化差异的习惯，每个人都应该养成这个习惯。

由于不同的国家之间文化差异特别大，虽然现在中国到境外旅游的有许多，但是，也只是近些年才出现的一种现象。之前长期的闭关锁国，让中国与世界失去了联系，后来因为贫富和消费观不同等，也很少有人出国旅游，导致了国外对中国的习俗不是很了解。虽说是礼仪之邦，但是，近现代中国处于转型阶段，很多问题的出现却没有完善的机制去管理，让中国人无所适从，由此出现了一些盲目行为。

于是，一些外国人就认为中国人是没有素质的，在旅游过程中常有不文明的行为发生。有些行为的确是不应该的，但是，更多的还是外国人对中国习俗的认知没有一定的了解，很多在中国认为是很有礼貌的行为，在国外就会被批评。这不仅让外国人反感，也使得中国游客感到莫名其妙。

尊重不同国家的风俗习惯，是赢得他人尊重的前提。外国人也应做到这一点，试着去了解中国的风俗习惯，两者相互沟通、理解，就会把误会澄清。随着越来越多的中国人加入境外旅游的行列，越来越多的外国人将会了解到中国的行为习惯，例如，中国人在聊天时大声说话，是因为彼此关系不错，大声寒暄会显得更亲切。另外，随着中国人旅游的地方越来越丰富，也会渐渐意识到自己的某些行为可能会给他人带来不方便，在公众场合说话会把声音放低，这样的互相包容将是促进人类文明进步的一大步。

通过不断的接触，来慢慢了解彼此的行为习惯，用包容的心去容纳他人，不仅会使人与人之间的关系更加亲近，还能促进旅游业的发展，对整

个国家的形象塑造有着重要的意义。

正是因为不同的民族文化与风俗习惯，让我们想试着去了解外面的世界，感受不一样的风景，不一样的情怀。因为这样的想法，我们才选择了境外旅游，那么，既然想要感受异域风情，何不就让自己做一回“外国人”呢？在游玩的时候注意自己的言行是否符合当地的习惯，感受不同礼仪带来的新鲜感，在旅游结束之后，会成为一种别样的怀念。

因为时间、金钱等原因，即使很多地方再漂亮，我们可能也只会去一次而已。珍惜这人生中的一次，让这一次不留下任何遗憾，好好感受别国的风情，才不枉费这一次的旅行。尊重他国的风俗习惯，也是在尊重自己，尊重自己的出游选择，让自己的言行代表着国家的荣誉，而不是羞耻。

本节要点

1. 尊重不同国家的风俗习惯具有重要意义，我们应从自身做起。

2. 不同的国家有不同的行为礼仪，尊重国家的风俗习惯就是要尊重这些差异性。

3. 境外旅游应讲究入乡随俗，才能更好地融入本地特色，享受旅游。

4. 尊重不同国家的风俗习惯，是尊重当地人的习惯，才能获得他们的尊重。

留在心里的是风景，不要留下不美好的行为

1. 让旅游成为一种享受，美好风景只留在心里

每到一个节假日来临之际，我们都会计划着去哪里玩，邀上三五好友，就踏上了旅途，享受假期的悠闲和旅游的美好。

但是，去旅游不代表可以肆意妄为，还需遵守一定的礼仪与规则，不做不文明行为，尤其是境外旅游，不仅要行为文明，还应注意当地的文化特色，尊重他们的行为习惯，让旅游真正成为一种享受，将美好风景留在心里即可。

不管是出于什么样的原因，作为游客都不能忽视旅游中应遵守的规则与礼仪。以下这些情况应杜绝发生。不要试图“带走”风景，真正美好的风景是存在内心的，通过什么方式都是无法将其保存的。

（1）留下“到此一游”字样

中国游客到某地去旅行时，总喜欢留下“到此一游”。这个现象的普遍程度已被许多国家公民所熟知，不管在什么地方都会发现这样的字样。这一现象令许多外国人都十分头疼，一些世界遗产上面出现这样的字，是多么令人遗憾的事情。破坏了这么珍贵的名筑遗产，对人类文明都是一种莫大的损失。

如果继续保持这样的行为，那么，多年以后，我们无论走到哪里，欣赏哪座山峦或名筑时，看到的都是密密麻麻的“到此一游”，我们会是什么样的心情呢？这样的不文明行为必须要摈弃，为了让我们的子孙后代还能够好好欣赏这世界的美好风景，让我们从现在、从自身做起，禁止乱写乱画、随意破坏文物的行为，做一个文明的旅行者，将美好风景留在

心里。

（2）随意拍照

在景区随意拍照也是不文明的行为，因为，有些地方明令禁止拍照，可是也无法阻挡他们拍照的热情，不惜登高爬下，踏入禁止踩踏的花丛和草坪中，就为了拍照，对一些写有“禁止拍照”的标志熟视无睹。这样做，破坏了绿植和一些文物，对人类文明的遗物是一种很大的伤害。同时，也扰乱了秩序，有些人喜欢跟风，看到有人拍照就跟着一起拍，这种从众心理要不得。

尤其是在博物馆里面，禁止拍照的物品更是有很多，可是游客却毫无顾忌，边走边拿相机拍个不停。这是一种没有素质的表现，将看过的风景留在心里就好，何必要一定将它“保存”起来呢?

旅行的意义就是享受当下的美丽风景与悠闲的惬意心情，如果只顾着拍照留念，那么，等回过头来去回忆时，又有什么可回忆的，当时只记得拍照了。因此，风景是带不走的，将风景记在心里，谁也拿不走，是一辈子最珍贵的记忆。在若干年后想起那时的旅行也会有一种感动，感激当时的自己用礼仪为自己留下了美好的回忆。

2. 让旅游成为一种美好的回忆，不做不美好的行为

旅游是件让人很开心的事情，可以到处走走，看看不同的风景，领略大自然的美好与震撼。在旅游过程中，我们应保持自己的行为举止恰当、有礼，不做不文明的事情，以免将美好的行程变得不再美好。

（1）旅行应注意穿着，不大声喧哗

前几年媒体报道了有许多人喜欢穿着睡衣逛街、买菜，而随着旅行的增多，人们不仅没有对自己的穿着进行约束，还将此不文明的穿衣行为带到了更多的地方。在国外一些正式场合，很多人穿着背心、短裤、拖鞋就随意进出，更有甚者，在公共场合脱鞋、袜，严重影响了国家的整体形象，让许多外国人对此嗤之以鼻。

另外一个不文明行为也被许多中国游客不重视，就是在公共场合大声喧哗，不在意有没有影响到他人，只管自顾自地大声说话、聊天。无论是在交通工具中，还是在餐厅里面，都是高声接打电话，呼朋唤友，大声猜拳喝酒、聚众吵闹等。这一行为是不尊重别人的表现，每个人在旅途中或吃饭过程中，都不喜欢被打扰，热情的中国游客应充分考虑到他人的感受，在私底下疯闹可以，在公共场合还是要注意个人形象。

这样的行为对他人是一种不尊重，我们在旅游过程中应避免出现。这不仅是对他人的尊重，也是尊重自己的表现。肆意妄为也会给自己带来困扰，彼此相互包容、自律才能营造良好的、健康的旅游环境，将此作为美好的回忆。

（2）应遵守规矩，服从禁令

有些旅游景区明文规定“严禁烟火”，可是还是有些人不遵守规定，随意吞云吐雾，想抽就抽，对禁令完全置若罔闻。更有甚者，如果稍觉有些累，就找个地方坐下，跷起二郎腿，非常惬意地抽起烟来，完全不在意人来人往的游客异样的目光。

这样的人是非常自私与无知的，不顾及他人的感受，如果因为抽烟引起了火灾，后果不堪设想。出门旅游不是在自己家里，想怎样就怎样。在公共场合是需要尊重其他人、遵守规则的，这样才能有良好的旅游秩序，游客们才能认真欣赏风景。

还有一些游客在上厕所的时候，出现不讲文明的现象，便后不冲厕所，这令许多人反感。这些行为是非常自私的表现。更有甚者，尤其是男游客，直接找个墙角就小便，即使是在景区，也不避讳。即使知道前面不远就有厕所，也不愿忍着。这真的是一种非常不文明的行为，法律上应该对这一行为进行严厉约束。

遵守秩序、规则，让旅游变得更加简单有趣，这才是旅游的目的。不

要让不文明行为影响到我们与他人的心情，那样就划不来了。不守旅游规则，何必远方？

（3）改掉爱贪小便宜的毛病

在旅游过程中，还有一些游客爱贪小便宜，这也是一种不好的行为。我们去一个地方旅游，在回来时总会想买一些小礼品作为纪念，而一些游客在挑选礼品时却随意翻拣，看完之后也不放回原位。决定要买时，跟老板讨价还价，不砍掉价不罢休，令许多国外老板都非常无语，以致碰到一些中国游客来买礼品，就首先说明不还价。

还有一些收费区域，一些游客却不消费反而占据很长时间，让其他消费者都没地方可以坐。还有一些游客，在某个地方逗留一段时间之后，临走时把非赠品悄悄带走。有一次，我在飞机上碰到这样一个场面：登机的时候，由于廉价自由席是不对号入座的，于是，很多游客为了抢个好位置一拥而上，场面几乎失控，让一些外国人忍不住哈哈大笑。而在用餐后，都把吃饭用的刀叉顺手收起来，空姐要求返还无果，领队无奈说了一句请不要给中国人丢脸之后，他们才肯把刀叉依依不舍地拿出来。

出来旅游何必要给自己找不愉快呢，那点小东西也不值几个钱，何必因此而拉低自己的素质呢？拒绝占小便宜，做一个大气的中国游客，也为旅游减少一些麻烦，增添不少乐趣。

（4）不要乱扔垃圾

在景区随便扔垃圾，是一种非常不文明的行为，一些游客在景区游览时，会不时拿出食物吃，包装袋和擦手纸巾随意乱丢，随地吐痰，有些景点因为游览的人较多需要排队，却随意插队，这些行为不仅损害个人形象，在国外，更显示出国人的整体形象与素质，对国家形象有非常不好的影响。

景区会有很多人，大部分游客都是自带食物，在路上食用。但是，如果每个人都乱扔吃过的剩菜、饭盒等，那么，景区会变成什么样子呢？成了垃圾场的景区，游客还会有心情欣赏吗？这对环境有很大的伤害，也破坏了生态平衡。桂林山水甲天下，一直都闻名于世，慕名而去的游客不胜枚举。但是，总会有一些游客不注意行为举止，随处乱扔垃圾，致使河水慢慢被污染。如果任由这种情况继续下去，那么，多年以后，人们就再也见不到“甲天下”的桂林山水了。

在旅游过程中，我们首先要做到保护环境。保护环境是我们一直所倡导的良好行为习惯，不仅仅是保护我们经常居住的环境，还包括保护全国乃至全世界的环境。地球只有一个，如果一个地区的环境出现恶化，其他地区的环境也会随之受到影响。我们无论走到哪里，都应该对那里的环境负责，不破坏环境是游客最基本的道德礼仪。

其次，遵守不同景区的规定，不乱踩踏保护的区域，禁止拍照的地方收起自己的照相机，不做不文明行为，在旅游的途中，将美丽风景留在心里，将个人的美好素质留在景区，做一个文明的游客。

最后，平时在生活应不断提高自身的素质，慢慢将一些不好的习惯改掉，这样会让我们变得更受人欢迎，对我们的人际关系、事业等方面都有好的影响。

本节要点

1. 在旅游过程中，应对自己严加要求，遵守当地旅游守则，不做不文明的事情。

2. 在旅游过程中应入乡随俗，充分尊重当地的民俗风情，享受美好假期。

3. 做一个高素质的游客，拥有保护环境的意识并认真执行，塑造良好的个人形象。

商场消费购物礼仪规范，不要消费国家形象

有着良好消费购物形象的国民，在海外购物时总能体现出自身所具有的良好的消费购物礼仪，他们的言行举止往往能够给自身所属国带来其他国家的公民的好评。然而，提起中国游客的出境游中的海外购物消费话题，往往是一件喜忧参半的事。喜的是，中国游客具有极高的海外购物消费能力；忧的是，海外购物形象却不好。

1. 高消费能力，低消费形象

随着中国人消费能力上升，海外消费购买力成为一大看点。现实是，自2012年以来，中国已经超过美国和德国，成为世界上最大的国际旅游消费国。中国游客的消费能力在许多国家都可以说是得到了消费数据上的充分体现。全世界似乎都在惊叹中国游客的购买力，中国游客也逐渐成为全球旅游市场“争抢”的“香饽饽”，海外商家眼中的“财神爷”。

看准中国人的高消费能力，为吸引和留住中国游客，各个国家和地区的零售业已在摩拳擦掌，使出浑身解数，引入中国元素，想方设法吸引中国人，为中国人购物提供方便。很多商家为了吸引中国游客的消费自己就会做出种种改变，以适应中国游客的购物需求。在法国，星期天工人不上班、商店不营业的传统已有100多年历史。然而，中国游客的超强购买力让法国的商人开始重新思考周日营业的问题。

世界各国都笑迎中国旅客潮，欢迎中国旅客造访，媒体在这么说，商家在这么号召。然而此类的欢迎，只是说明我们具有受他人侧目的消费能力，却并不意味着我们的国人具有受外界认可的良好的海外消费形象。

“一家杂志欢呼：‘收银机哗哗作响！中国人来了。’这是在为新暴发户入侵伦敦欢呼：中国盲目的时尚爱好者组成大型旅行团空降而至，‘大肆购买爱马仕丝巾和迪奥表……没有他们，伦敦邦德街将变为一座鬼城’。”《澳大利亚人报》进行着这样的报道。类似的报道并不少，相似的是，中国游客海外购物形象总是和消费购买力挂钩，和钱挂钩，也成为外国人对中国游客的一大印象。

暴发户式的中国游客，有钱的中国游客，成为中国游客在国外人眼中的普遍印象。可以说，虽然中国游客的消费能力很高，购买力很强，但是中国游客的消费形象算不上积极正面。虽然出入各种国家，购买到了各式各样的心仪的商品，然而却没有为自己买到好评。

2. 消费形象负面，消费礼仪缺乏

中国游客海外购物的消费形象，是中国游客在海外购物中的消费行为，无形中得到塑造的。参看中国游客的海外购物消费行为，中国游客所持有的消费观念和消费言行促成了自身有钱无品的负面消费形象。

负面的消费形象体现在，中国游客在海外消费购物时常常不会从礼仪角度考虑自身消费形象，仅是在海外商店追逐自身的狂热购物需求，同时在购物时进行盲目的暴发户式的消费，扎堆抢购的消费和言行失礼的消费，进而为自己塑造了不漂亮的海外消费形象。

（1）沉迷购物的游客形象

中国游客在海外旅行时，往往不重视旅行价值，而给外国人以沉迷购物消费的感觉。

国人出境旅游时，有一个特点，那就是穷游富购。很多人在出境旅游时，对食宿的要求不高，但是购物需求旺盛，购物消费额很高。一趟出境游回来，算算账单，购物成为旅游消费的主要开支。对于一些人来说，购物才是他们出国旅游的主要目的，文化观光旅行倒是其次。这样的旅行观念和外国人重旅行，不重购物恰恰背道而驰。

沉迷购物往往充分体现在中国旅客的行为中。很多中国游客在旅途中走马观花，一到购物时往往流连忘返。旅途很多游客会劳累疲倦拖慢行程，然而只要看见购物场所，马上就能提振精神，争相奔入。很多导游可能就碰到这样的情况，在规定的集合时间内找不到游客，这时到街上最热闹的商店往往就能发现他们的身影。

（2）盲目的消费观念

消费行为往往不只涉及简单的货币与商品交换，它还不经意地透露消费者个人的价值取向与生活观，甚至是个人涵养。中国游客在海外购物的豪购和抢购中展现的更多是不理性的消费观念和盲目的消费行为，无形中拉低了外国人对中国游客的评价。

中国游客的消费占了一些奢侈品商店销售总额的主流，中国游客也被戏称为“会走路的钱包”。很多“钱似乎从来都不是问题”的中国游客海外购物时出手阔绰，爱买奢侈品，喜欢扫货。有些人在消费时，会进行暴发户式的盲目又非理性消费，买东西时只求最贵，不求最好，买奢侈品就像买白菜，这样的消费观念和消费行为，国外人眼中也就形成了中国游客有钱却没有品位的负面评价。

常见很多中国游客购物后，大多手中提着好几个奢侈品牌的袋子，互相之间攀比着价格，对自己购买的物品所具有的品牌文化、产品的设计理念往往知之甚少。很多人更是不考虑自身需要，盲目跟风购买，为买而买，买名品、买贵重物品，买到自己不需要的物品。

（3）抢购式消费行为

中国游客购物时，疯狂抢购成为一个特殊的景观，也让很多外国人对中国人产生了一个负面的观感。春节长假期间，中国游客“席卷”日本、新加坡、西班牙、洛杉矶等地，不仅带来“购物潮”，为一些商场创下销售纪录，也使得不少宾馆和机场达到饱和状态，出现满员和拥挤。在日本，继抢购日本电饭锅和马桶盖后，中国大陆旅客现在又掀起抢购日本大米热潮，引发了关于中国游客抢购的争论。

抢购时，中国游客往往蜂拥而上，争抢而入，犹如台风过境，商店一面墙的商品很快就会被扫完。而在游客多、商品供应不足的时候，中国游客则是冲上去争相抢购，让人侧目，也让人皱眉。美国、法国的奢侈品店，为了应对蜂拥而至的中国顾客潮，店家不得不对中国游客提出限购令、限时令。

沉迷购物、豪购、抢购的情况虽然很普遍，却不能算是良好的消费礼仪。中国游客应该审视自身消费形象，反查自身消费观念，收敛沉迷购物的消费习惯，消费时树立正确的消费观念，进行理性消费和有节制的消费，而不是在国际消费场合一掷千金，乃至于不注意自身形象，沉迷消费购物，跟风抢购。

注重消费形象礼仪是一方面，更进一步来说，海外购物中是否具有良好的消费购物习惯和进行消费购物礼仪，同样关乎中国游客的消费形象。

我们在进行海外购物时，有些人的文化修养的礼仪素养没跟上，往往做不到尊重差异，入乡随俗，而是把在国内的购物习惯带到了其他国家，进行了失礼的购物行为不说，也给其他国家的商户留下了不好的印象。

（4）失礼的消费言行

中国的商业文化里，讨价还价天经地义，砍价要砍到昏天暗地，如此你才感觉自己没有吃亏，并且赚到了便宜。出国旅行时，尽管中国游客在购物上出手阔绰，一些中国游客不管走到哪里，也把砍价的习惯带到哪里，依然按照中国的砍价习惯和外国商家在价格上争个不休。然而，欧美很多国家，商品明码实价，拒绝讲价，讨价还价对他们来说往往是不礼貌的行为。

一些中国游客喜欢讨价还价，还有一些游客则会按照中国的习惯向外国商家索要赠品，很多外国商家可能不会拒绝，尽量满足游客的要求。在这样你来我往过程中，尽管花了不少钱，却给外国商家以中国游客喜欢贪

小便宜的印象，让中国游客的形象在无形中失分。

在购物场合，很多时候，有些游客在礼仪上就很大意，不注意自身购物中的言行带来的不文明兼失礼的行为，就会让国外商家皱眉，对中国游客产生不好的印象。常见一些中国游客进入外国的商店，往往会带着“我是上帝”的心理，神色不逊，言行举止随意，傲慢对待服务人员。也有些游客看到有兴趣的商店，蜂拥而入，大声喧哗吵嚷，交谈讨论；见到有意的商品又会一哄而上，失礼又失态不说，看在他人眼底，心中只有摇头。

良好的购物礼仪意味着，你在商店内购物时，要尊重他人，融入购物的氛围。进入商店，要保持安静，不要大声喧哗。浏览商品时，保持安静。挑选物品时，轻拿轻放，看后放回原处；如果手有污渍，应避免触摸商品，尤其不可触摸食品。万一不小心损坏了物品，应主动赔偿或把损坏的物品买下来，而不是强词夺理或是死不认账。使用商场手推车时，注意停放位置，避免堵塞通道，用完应停放到指定位置。结账时，自觉排队。购物完毕离开柜台时应向服务人员点头微笑，用语言表示谢意。尤其是当对方帮助自己解决了某些特别的困难时，更应如此。

遗憾的是，购物行为礼仪上，有些游客往往不能表现自身应有的礼貌和修养。有些中国游客在购物时，面对服务人员时选择以我为主，态度非常傲慢，在和国外的服务人员说话时，语言非常失礼。购买商品时，不是用恳切的声调招呼服务人员，而是大声呼喊，乃至于盛气凌人，用命令式的语气让服务人员为自己提供服务。

很多时候，服务人员可能在为别的顾客进行服务，游客不能平心静气地耐心等待，而是言语急迫，不停催逼对方，或是言语谴责，甚至用手猛敲柜台和橱窗，这样做，都是极不礼貌的，导致他人反感，也损害自身形象。有些游客在挑选商品时，往往事先未考虑好，在选购时太过挑剔，而不断指使服务人员，影响服务人员为别的顾客服务，也为服务人员带来了诸多困扰。

中国游客遵守在国外商场购物中的购物消费行为礼仪，意味着，在进行国外购物消费时，我们应该做到入乡随俗，适应他国的消费文化，遵从消费购物礼仪，尊重他人，为自己创造一个愉快的购物氛围。

良好的消费形象总是和良好的消费礼仪挂钩。良好的消费礼仪，包括注重自身消费形象，树立理性的消费观念，进行有节制的消费行为。同时要做到入乡随俗，遵循购物行为礼仪，展示自身的文明和修养。

我们应该意识到，消费能力高，消费形象好，世界的商家才会真正欢迎。对于中国游客来说，海外消费购物中，从礼仪角度考虑自身购物行为，注重自身消费形象，遵守购物消费行为礼仪，可以说是重塑中国游客外界消费形象的一个新的起点。

本节要点

1. 中国人的消费能力很高，但是消费形象却比较负面，消费礼仪缺乏。

2. 良好的消费礼仪意味着要注意消费形象，树立理性的消费观念，进行有节制的消费行为。

3. 良好的消费购物礼仪，要做到入乡随俗，遵循购物行为礼仪，展示自身的文明和修养。

教你出国前攻略，旅途不慌张

对于国人来说，进行准备不足的陌生海外旅行时，可能并不会引发大的矛盾，然而旅行却可能会带来令人遗憾的问题。常见很多国人在旅行前思虑不周，准备不足，导致的结果是，个人并没有获得预期的旅行，反而

在旅途中屡屡失态，乃至会在国际场合失礼，这样的事情在各国关于中国人失礼失态的报道屡见不鲜。

一场从容轻松的国外旅行，往往是做好了出国前的旅行攻略和礼仪攻略，进而在陌生的环境里也能处处应对从容。对于中国游客来说，到国外出行时应该要注意带齐旅行装备，同时带好礼仪装备，做到心中有谱，有礼从容。

1. 旅行准备不足，难免慌乱

日本有一个成田离婚的典故。说的是，有些日本人在新婚旅行时会选择海外旅行，然而对于曾经极少出国或者没有出国经验的男士来说，语言不通、规矩不懂、遇到各种状况窘态百出，旅途中女方感觉男士难以信任，旅途中出现诸多争执，归国到了成田空港，一下飞机两人就宣告分手。成田离婚可以说是因海外旅行准备不足而引发的不愉快事件。

旅行不能徒有热心，而要有所准备。很多国人也有这样的情况，对出国怀有热情和盲目的自信，认为只要手续办齐，带上银行卡、带上外币，带上自己热情而积极的出国意向和应对的自信，跟上旅行团，或是自由行，保证出国稳妥。有了这样的自信后，就拉着行李出发，进行了一场陌生的海外旅行。然而真正进入了陌生的文化环境后，发现并非自己想象的那样，语言不通，行为受限，计划突变，旅途中遇到诸多波折，窘迫的状况也难以从容应对，出现了各种令人感到挫折和沮丧的场面，一路走得“堵心”又“闹心”。出门前明明是高高兴兴，回来时却心情阴郁，回想起来，欢乐的记忆少，遗憾的情况多，愉快的旅行也无从说起。

2. 礼仪准备不足，难免失态

国人长期生活在熟悉的环境下，很多习惯已经养成，进入陌生的文化环境，对目的地国家的各种礼仪不了解，在无意识中把中国的旅行习惯和行为习惯带到了国外，和他国的风俗和习惯发生冲突和碰撞，结果是遭遇了各种失礼且失态事件。有些时候，面对这些情况，其他国家的人们可能不会责备你的失礼行为，但是他们会责备中国人的失礼。由此来说，我们的旅行又带有了不一样的意味。

旅行不能随意，而要注意带上礼仪。国人进行海外旅行前的礼仪准备做不好，就会在他国的土地上留下失礼失态的印记。

心中有谱，出行从容。我们选择出国游，应该是一场轻松愉快的旅行，同时也是一场从容有礼的旅行。从容有礼的海外旅行意味着在海外旅行前，我们要做好出行前的旅行攻略。这些攻略不但包括明确自己的旅行计划，了解目的地国家，带好旅行装备，更重要的是怀揣礼仪装备，随风入俗，融入其他国家的礼仪环境，做到不困窘、不失态、优雅潇洒、有礼从容。

3. 知行知旅，做好旅行攻略

出国旅行前我们要做好知识准备，制订明确的旅行计划，做到知己知彼，知行知旅。

首先，要了解目的地国家。你在去一个国家之前，要具备这个国家的有关社会、政治、经济、文化等方面的一般知识，同时对目的地的风俗习惯有一定了解，掌握一些基本的法律法规，明确禁忌。最好阅读一些介绍前往国家旅游景点、风土人情、民俗习惯及历史等方面的书籍资料，也可以通过网络上的资料了解该国，从而产生一个总体印象，进而减少旅游过程中的盲目和被动。语言上，如果你能掌握简单的目的地国家的基本的社交语言就更好了，不但方便你和他国人民进行沟通，也能减少一些旅行中的障碍事件。

其次，要订好旅行计划。旅行前，你可以从书籍、网络上获取目的地的旅游攻略，如景点、美食、购物、娱乐、交通住宿等多方面的内容，进

而明确自己的旅行计划和旅行线路图，对于旅途中有什么，自己需要做什么的情况有所了解，做到心中有数，进而在旅行时也能游刃有余。

最后，要备齐旅行装备。旅行装备应该要做到细节，对于一些可能发生的情况进行了解，突发情况要做到未雨绸缪。很多国内酒店配备的东西在其他国家可能不会准备，比如在东南亚国家的多数饭店，不管档次如何，牙具、拖鞋可能都不会预备。如一些电源接口之类可能都与国内不同，你一大意，小事都会带来大的尴尬。所以，应早些拟出一个单子，写出要带的东西，然后按图索骥，避免出发前临时忙乱。

4. 知己知彼，掌握礼仪攻略

我们进入其他国家就成为他国的客人，客人不能让主人闹心，而要让主人安心，如此客人才能玩得开心。因而，你在出行前要了解一些基本的礼仪常识，做好礼仪准备，做到尊重主人，融入他国的礼仪环境。

我们出国前，要懂得一些常识性的礼仪。诸如女士优先，公共场所不大声喧哗、不吸烟、不插队、不随地吐痰、不随地乱扔东西等都是世界通行的基本礼仪。进入像博物馆、艺术馆这样的地方进行观赏和游览时，要保持安静，以免影响周围的人欣赏艺术，要适应场合的氛围，照顾他人情绪，不要大声讲话或者在室内接电话。而对于一些喜欢吸烟的人来说，除了遵守不要吸烟的规定，在烟瘾上来时更需要提升自制力。

当然，我们还要注意到，不同的国家有着不同的习惯，对某些行为也有着不同的认知。一些在国内大家可能都认可的举止和行为，到了国外可能就会引起其他国家公民的不理解甚至误会，在旅游时加以注意，遵守规定，不要冒犯习俗，并且在细节上要做好。

我们进入其他国家，还要遵循一定的衣食住行礼仪，在言行举止中表现出相应的礼节。

(1) 衣着礼仪

适宜而大方得体的衣饰穿着表现，使自己在旅行中能比较随意，也不至于在国际场合失礼。所以，在旅行中的衣着选择，要注重仪表和形象，与环境相适应。

外出旅游，服装应该休闲一点。西装革履有时成为中国旅游者的一大景观。着装太过慎重，旅行也不舒适，建议外出旅游时，都穿休闲服装，着软底鞋，保持舒适随意。

有时，服装要根据国家和场合做出相应的调整。特别是在一些宗教国家，要入乡随俗，穿着不能过于随意。在特定场合，要尊重外国的习惯和该场合的要求，根据礼仪惯例规定，选择适合的服装，该穿正装的要穿正装，穿休闲装时也不能太过随便。

(2) 用餐礼仪

很多中国游客在国外的餐厅延续了中国“下馆子”的习惯，吃饭喝酒无顾忌，高谈阔论，言行随便，引人侧目，也给其他国家的国民带来困扰和不满。

出国旅游，国外的饮食和用餐习惯和中国都有所不同，进入西餐厅吃饭时，要注意入乡随俗，以免有失检点。重要的是，在出国前先学习一些基本的西餐礼节，掌握用餐规范。吃的时候要保持身体端正，不能趴、靠在餐桌上，也不能跷腿、做小动作。吃东西时，要细嚼慢咽，同时不能发出声音。进餐过程中不要手舞足蹈，或当众脱衣或解开纽扣，有失形象。而在吃自助餐时，遵守相应礼节，吃多少取多少，不要浪费食物。

不同国家的餐桌礼仪和饮食习惯有所不同，每个人可以对目的地国家的习惯进行了解。

(3) 住宿礼仪

我们在进入酒店住宿时，无论是停车场服务人员、门童、提行李的服务人员，还是前台服务人员、收拾房间的保洁人员和送餐服务生，可以通

过口头或者微笑向对方表示感激和赞赏。

进入酒店时，要尊重和遵守酒店的规定。如果是跟团旅行，在入住酒店时，导游应及时安排登记，其间要保持秩序，不要大声喧哗。在酒店房间内，客房内电视音量不要开太大，说话声也不要太大，以免干扰他人休息。很多中国旅客因此被人抗议和投诉，导致不愉快。

出入酒店也要注意着装，不能太随便，做到自尊和尊重他人，穿着睡衣和浴衣出入都是不适宜的。当然，维持酒店卫生也很重要，注意不要乱丢垃圾，或者将房间内弄得一片狼藉。

（4）出行礼仪

出行应该有一定的礼仪规范。行走在其他国家的路上，应该遵守他国交通法规，遵循礼仪的法则。然而，我国的出国旅行者往往不注意遵守交通法规，做出任意闯红灯、不走人行横道等行为。不久前，泰国警方公布了有千名中国游客（租车）因闯红灯、乱停靠、骑摩托车不戴安全帽等违反交通规则被查处罚款。中国式过马路走出国门，困扰也带给了其他国家。

一场从容的海外旅行是有准备的旅行，也是带着礼仪的旅行。中国游客在海外旅行前，做好旅行攻略，掌握礼仪攻略，旅途才不会慌张，行为才能避免失礼。旅途中做好自己，尊重他人，融入他国的礼仪环境，处处彰显礼仪，在欣赏他国的风景的同时，也能让自己成为一道亮丽的风景。

本节要点

1. 海外旅行前要进行旅行准备，做好旅行攻略和礼仪攻略。

2. 旅行攻略上，要了解目的国家，订好旅行计划，备齐旅行装备。

3. 礼仪攻略上，要掌握常识性的基本礼仪，遵循一定的衣食住行礼仪。